I0014534

PowerShell Profitipps und Anleitungen

**Windows, Exchange, SharePoint, Azure, Office 365, VMware und Co.
effizienter verwalten**

Vorwort

In diesem Buch zeige ich Ihnen hunderte CMDlets und Tricks für die PowerShell aus den verschiedenen Bereichen der Serververwaltung. Sie lernen CMDlets für Windows Server 2012/2012 R2, aber auch für die neue Version Windows Server 2016. Ich zeige Ihnen auch einige Befehle für Exchange, System Center, VMware, Hyper-V sowie für die Clouddienste Microsoft Azure und Office 365. Alle Befehle wurden von mir getestet und werden in der Praxis eingesetzt. Sie können die Tipps in diesem Buch nicht nur genauso befolgen, wie ich sie hier beschrieben habe, sondern auch anpassen und erweitern. In jedem Fall werden Sie sehr viel über die PowerShell lernen.

Ich wünsche Ihnen viel Spass mit der PowerShell

Ihr

Thomas Joos

Bad Wimpfen, im Oktober 2015

Hilfe für die PowerShell online nachladen und effektiver verwenden

Wenn Sie für das Cmdlet Get-Help die Option *-Online* verwenden, zum Beispiel mit *Get-Help Get-Command -Online* erhalten Sie eine Online-Hilfe zur PowerShell. Die PowerShell bietet auch das Cmdlet *Update-Help*, welches die Hilfedateien der PowerShell aus dem Internet aktualisieren kann. Dazu muss der Server über eine Internetverbindung verfügen. Viele Hilfedaten der PowerShell sind nicht mehr auf dem Rechner gespeichert, sondern müssen aus dem Internet nachgeladen werden. Auf Rechnern ohne Internetverbindung geht das natürlich nicht. Sie haben in der PowerShell aber die Möglichkeit die Hilfe auf einem Rechner mit Internetverbindung zu speichern und auf einem anderen Rechner ohne Internetverbindung einzulesen. Dazu verwenden sie das neue CMDlet *save-help*.

Das Cmdlet *Show-Command* blendet ein neues Fenster mit allen Befehlen ein, die in der PowerShell verfügbar sind. Sie können im Fenster nach Befehlen suchen und sich eine Hilfe zum Befehl sowie Beispiele anzeigen lassen. Außerdem können Sie mit dem Tool längere Befehle zusammenstellen.

Mit dem Befehl *Get-Help <Befehl> -Detailed* erhalten Sie eine ausführliche Hilfe zu einem Befehl, Praxisbeispiele, alle Optionen und ausführliche Anleitungen. Beispiele erhalten Sie auch durch *Get-Help <Befehl> -Examples*.

Im Internet gibt es zahlreiche Communities und Zusatzprodukte, welche den Nutzen der PowerShell weiter verbessernWichtige Internetseiten für den Umgang mit der Windows PowerShell finden Sie unter:

http://www.powershell-ag.de

http://www.it-visions.de/scripting/powershell

http://www.nsoftware.com/powershell

http://powergui.org

http://gallery.technet.microsoft.com/scriptcenter

http://blogs.msdn.com/b/powershell

Best Practices Analyzer in der PowerShell starten

Am schnellsten starten und aktivieren Sie den BPA für Serverrollen durch Eingabe des Befehls *Get-BPAModel | Invoke-BpaModel* in der PowerShell.

Weitere Cmdlets für die PowerShell sind *Get-BPAResult* und *Set-BPAResult*. Diese Cmdlets zeigen Ergebnisse an oder blenden sie aus. Zur Analyse verwenden Sie aber besser den Server-Manager. Auch hier können Sie auf Windows 8.1/10 setzen. Mit der Option *-ComputerName* kann auch eine Konfiguration und Abfrage der Ergebnisse über das Netzwerk hinweg erfolgen. Das funktioniert auch über die PowerShell.

Netzwerkeinstellungen mit der PowerShell steuern

Die PowerShell ist in Core-Installationen automatisch aktiviert. Daher verwenden Sie zur Konfiguration der IP-Einstellungen nicht mehr das Befehlszeilentool Netsh, sondern besser die Cmdlets *New-NetIPAddress* und *Get-NetIPConfiguration*. Ein Beispiel für die Einrichtung ist *New-NetIPAddress -InterfaceIndex 12 -IPAddress 192.168.178.2 -PrefixLength 24 -DefaultGateway 192.168.178.1*.

Die DNS-Server tragen Sie mit *Set-DNSClientServerAddress -InterfaceIndex 12 -ServerAddresses 192.168.178.4* ein. Mehrere DNS-Server trennen Sie jeweils mit einem Komma. Das Cmdlet *Set-DnsClientServerAddress -InterfaceIndex 12 -ResetServer* wechselt zu DHCP. Achten Sie darauf, jeweils die korrekte Indexnummer für den Netzwerkadapter zu verwenden. Diesen erhalten Sie mit *Get-NetIPConfiguration*. Einer Windows-Domäne treten Sie mit *Add-Computer* bei. Den Namen von Servern ändern Sie mit *Rename-Computer*.

Remote-PowerShell aktivieren, nutzen und Verbindungsprobleme beheben

Damit sich ein Domänencontroller in der PowerShell remote verwalten lässt, muss die Funktion zunächst aktiviert werden. Dazu geben Sie in einer PowerShell-Sitzung auf dem Ziel-Server den Befehl *Enable-PSRemoting -Force* ein. Rückgängig machen lässt sich der Vorgang mit *Disable-PSRemoting -Force*.

Sollte die Verbindung nicht funktionieren, sollte in der Eingabeaufforderung noch der Befehl *winrm enumerate winrm/config/listener* eingegeben werden. Ein Listener mit dem Port 5985 muss aktiv und an alle IP-Adressen des Servers gebunden sein. Selbstverständlich darf der Port nicht durch eine Firewall blockiert werden. Standardmäßig schaltet Windows Server 2012 R2 den Port in der Windows-Firewall frei. Setzen Unternehmen eine weitere Firewall zwischen Client und Server ein, muss dieser Port auch hier freigeschaltet werden. Ob der Dienst läuft, sehen Sie in der PowerShell am schnellsten mit dem Befehl:

Get-Service WinRM

Nicht alle Cmdlets eignen sich für eine Remoteverwaltung von Servern. Sie können vor allem die Cmdlets nutzen, welche über die Option *-ComputerName* verfügen. Um sich alle Cmdlets anzeigen zu lassen, die diese Option unterstützen, also Server auch über das Netzwerk verwalten können, hilft der Befehl *Get-Help * -Parameter ComputerName*.

Verschiedene Möglichkeiten für den Netzwerkzugriff mit der PowerShell

Sie haben mehrere Möglichkeiten PowerShell-Befehle über das Netzwerk auszuführen. Zunächst können Sie sich über die PowerShell oder der PowerShell ISE normale CMDlets mit der Option *-computername* ausführen. In diesem Fall wird die lokale PowerShell-Sitzung verwendet, aber die PowerShell sendet den Befehl über das Netzwerk auf den Ziel-Server. Mit dem Befehl *Get-Help * -Parameter ComputerName* lassen Sie sich eine Liste aller dieser Cmdlets anzeigen.

Die zweite Möglichkeit besteht darin, dass Sie in der PowerShell oder der PowerShell ISE direkt eine PowerShell-Sitzung auf dem Remoteserver öffnen. Alle Befehle, die Sie in dieser Sitzung ausführen, werden dann auf dem Remotecomputer ausgeführt. Hier ist dann die Option *-computername* nicht notwendig, da die Sitzung ohnehin auf dem Remotecomputer ausgeführt wird.

Wollen Sie von einer lokalen PowerShell-Sitzung über das Netzwerk Programme auf einem Remotecomputer starten, verwenden Sie folgenden Befehl:

Invoke-Command -ComputerName <Ziel-Computer> -ScriptBlock { <Befehl> } -credential <Benutzername>

Funktioniert der Befehl, öffnet sich ein Authentifizierungsfenster und Sie müssen das Kennwort für den Benutzer eingeben.

Mit dem CMDlet *Test-WsMan <Computername>* testen Sie den Zugriff. Erhalten Sie keine Fehlermeldung, sondern eine Statusanzeige, funktioniert der Zugriff vom Quell-Computer auf den Ziel-Computer.

In der PowerShell ISE öffnen Sie Remote-Sitzungen am einfachsten. Dazu rufen Sie *Datei\Neue Remote-PowerShell-Registerkarte* auf, geben den Servernamen ein und Anmeldedaten für den Server. Alle Befehle, die Sie in dieser Sitzung ausführen, werden auf dem Remotecomputer gestartet.

Um eine Remotesitzung in der normalen PowerShell zu erstellen, geben Sie das *Cmdlet New-PSSession* ein. Mit *Enter-PSSession <Servername>* bauen Sie eine Verbindung auf. Wollen Sie sich mit einem anderen Benutzer authentifizieren, verwenden Sie *Enter-PSSession -ComputerName <Computer> -Credential <Benutzer>*.

Mit *Exit-Session* beenden Sie diese Sitzung wieder. Sie können in Windows Server 2012 R2 und Windows 8.1 auch Sitzungen unterbrechen und erneut aufzubauen. Bei unterbrochenen Sitzungen laufen die Cmdlets in der Sitzung weiter. Dazu nutzen Sie die Cmdlets *Disconnect-PSSession, Connect-PSSession* und *Receive-PSSession*.

Grafische Oberflächen auf Core-Servern installieren

Installieren Sie einen Core-Server, fehlen auf dem Server auch die Binärdateien, um die grafische Oberfläche zu installieren. Sie müssen zur Installation entweder eine Internetverbindung für den Server konfigurieren, damit dieser die benötigten Daten von Windows-Update herunterladen kann, oder Sie müssen den Ordner mit den Windows Server 2012 R2-Installationsdateien angeben.

Die Installation können Sie auf Core-Servern mit der PowerShell und dem Befehl *Install-WindowsFeature Server-Gui-Mgmt-Infra* durchführen, oder Sie verbinden sich mit dem Server über den Server-Manager von einem Server im Netzwerk aus. Alternativ verwenden Sie die folgenden Befehle in der PowerShell:

Import-Module Dism

Enable-WindowsOptionalFeature -online -Featurename ServerCore-FullServer,Server-Gui-Shell,Server-Gui-Mgmt

Auch der folgende Befehl kann die grafische Oberfläche installieren:

Dism /online /enable-feature /featurename:ServerCore-FullServer /featurename:Server-Gui-Shell /featurename:Server-Gui-Mgmt

PowerShell schneller starten

Die PowerShell starten Sie über die Verknüpfung auf der Startseite/Startmenü, oder Sie geben *powershell* in einer Eingabeaufforderung ein. Innerhalb der PowerShell können Sie mit dem Befehl *ise* die grafische Oberfläche der PowerShell starten. Mit *cmd* kommen Sie dann wieder in die Eingabeaufforderung zurück.

Sie können die PowerShell auch über das Kontextmenü des Startknopfes starten, müssen dazu aber entsprechende Einstellungen in den Eigenschaften der Taskleiste auf der Registerkarte Navigation in Windows 8.1/10 und Windows Server 2012 R2/2016 vornehmen.

Skripte in der PowerShell nutzen

In der PowerShell ist die Ausführungsrichtlinie für Skripte standardmäßig auf *RemoteSigned* gesetzt. Die Ausführungsrichtlinie bestimmt, ob Skripts ausgeführt werden dürfen und ob diese digital signiert sein müssen. Standardmäßig blockiert die PowerShell Skripts in der PowerShell 3.0. In 4.0/5.0 sind die Skripte erlaubt. Administratoren können die Ausführungsrichtlinie mit dem Cmdlet *Set-ExecutionPolicy* ändern und mit *Get-ExecutionPolicy* anzeigen. Dabei stehen folgende Einstellungen zur Verfügung:

- *Restricted* -- Standardeinstellung. Keine Skripts erlaubt.

- *AllSigned* -- Nur signierte Skripts sind erlaubt.

- *RemoteSigned* -- Bei dieser Einstellung müssen Sie Skripts durch eine Zertifizierungsstelle signieren lassen.

- *Unrestricted* -- Mit dieser Einstellung funktionieren alle Skripts.

Nach der Eingabe von *Set-ExecutionPolicy Unrestricted* müssen Sie die Ausführung noch bestätigen. Anschließend funktionieren eigene Skripts.

Wie Sie aus der PowerShell E-Mails für Systembenachrichtigungen schreiben können

Vor allem um Systemnachrichten aus Skripten zu versenden, kann es sinnvoll sein aus der PowerShell E-Mails zu verschicken. Damit Sie diese Funktion nutzen können ist es nicht notwendig ein Zusatztool zu installieren. Alle notwendigen Objekte stehen in der PowerShell zur Verfügung.

Um E-Mails zu versenden, können Sie das CMDlet *New-Object* nutzen. Dieses kann E-Mails erstellen und sich sogar an E-Mail-Servern anmelden, wenn diese eine Authentifizierung benötigen.

Um eine einfache E-Mail zu versenden, speichern Sie am besten die einzelnen Daten in Variablen und lösen danach den Befehl aus. So bleibt die Übersicht in PowerShell-Skripten, zum Beispiel zur Systemüberwachung oder Sicherung erhalten. Zunächst speichern Sie den Absender und den Empfänger der E-Mail in der PowerShell als Variable. Im folgenden Beispiel verwenden wir dazu die E-Mail-Adressen thomas.joos@live.de als Absendeadresse und thomas.joos@outlook.com als Empfänger.

$from = „thomas.joos@live.de"

$to = „thomas.joos@outlook.com"

Danach speichern Sie den Betreff:

$Subject = „PowerShell-E-Mail"

Den Text der E-Mail können Sie ebenfalls als Variable speichern:

$text = „Dies ist eine E-Mail aus der PowerShell"

In den nächsten Schritten legen Sie den SMTP-Server fest, über den Sie die E-Mails senden wollen. Dazu speichern Sie zunächst den Server in der Variable *$server*, legen danach den Benutzernamen für die Anmeldung mit der Variable *$user* und danach das Kennwort zur Anmeldung mit der Variable *$pass* fest.

$server = „smtp.live.com"

$user = „thomas.joos@live.de"

$pass = „<Kennwort in Klartext>"

Danach erstellen Sie den Befehl um eine E-Mail zu ver-senden und greifen dabei auf die erstellten Variablen zurück:

$SMTPClient = New-Object Sys-tem.Net.Mail.SmtpClient($server, 25)

Auch diese Konfiguration speichern Sie in einer Datei. Im Anschluss müssen Sie auch noch die Anmeldedaten festlegen und versenden anschließend die E-Mail.

$mail.Credentials = New-Object Sys-tem.Net.NetworkCredential($User, $Pass); $mail.Send($From, $To, $Subject, $text)

Wenn der Server TLS oder eine andere Sicherheitsverbindung nutzt, müssen Sie die Befehle etwas anders aufbauen:

$Server = "smtp.live.com"

$Port = "587"

$User = "thomas.joos@live.de"

$Pass = "<Kennwort in Klartext>"

$email = New-Object System.Net.Mail.MailMessage

$email.From = "thomas.joos@live.de"

$email.To.Add("thomas.joos@outlook.com")

$email.Subject = "Power-Shell-Test-E-Mail"

$email.IsBodyHtml = $false

$email.Body = "Test-Text"

$SMTPClient = New-Object System.Net.Mail.SmtpClient($Server , $Port)

$SMTPClient.EnableSsl = $true

$SMTPClient.Credentials = New-Object System.Net.NetworkCredential($User , $Pass);

$SMTPClient.Send($email)

Unbeaufsichtigte Installation von Rollen und Features

Neben der Möglichkeit, Rollen und Features über die PowerShell zu installieren, indem Sie den Namen der Rolle und des Feature angeben, können Sie in der PowerShell auch die XML-Steuerungsdatei verwenden, die Sie im Assistenten zum Installieren von neuen Rollen im letzten Fenster speichern können.

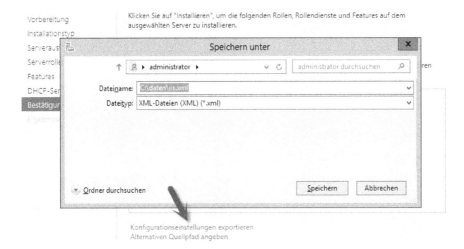

Konfigurationseinstellungen exportieren
Alternativen Quellpfad angeben

Um auf einem anderen Server die gleichen Rollen und Features zu installieren, verwenden Sie die PowerShell und geben die XML-Datei mit. Dabei verwenden Sie das Cmdlet *Install-WindowsFeature* mit der Option *-ConfigurationFilePath*, Zum Beispiel *Install-WindowsFeature -ConfigurationFilePath C:\Daten\iis.xml*.

Befehle mit Platzhaltern schneller finden und Syntax schneller verstehen

Der Befehl *Get-Command *computer* zeigt alle Cmdlets an, deren Namen mit „computer" endet. Ist der gesuchte Befehl nicht dabei, können Sie auch mehrere Platzhalter verwenden, zum Beispiel den Befehl *Get-Command *computer**. Dieser Befehl zeigt alle Befehle an, in denen an einer beliebigen Stelle das Wort „computer" vorkommt.

Für nahezu alle Cmdlets gilt die Regel, dass diese in vier Arten vorliegen: Es gibt Cmdlets mit dem Präfix *New-*, um etwas zu erstellen, zum Beispiel *New-Item*. Das gleiche Cmdlet gibt es dann immer noch mit *Remove-*, um etwas zu löschen, zum Beispiel *Remove-Item*. Wollen Sie das Objekt anpassen, gibt es das Präfix *Set-* zum Beispiel *Set-Item*. Als Letztes gibt es noch das Cmdlet *Get-*, zum Beispiel *Get-Item*, um Informationen zum Objekt abzurufen.

Neben diesen Cmdlets gibt es natürlich noch viele andere, zum Beispiel *Start-* und *Stop-* oder *Export-* und *Import-*Cmdlets. Allerdings bestehen die meisten Administrationsausgaben aus den erwähnten *New-*, *Remove-*, *Set-* und *Get-*Cmdlets. Geben Sie nur diesen Befehl ein, passiert entweder überhaupt nichts, das Cmdlet zeigt Objekte an, oder Sie werden nach der Identität des Objekts gefragt.

Mit Get-Cmdlets lassen Sie sich Informationen zu Objekten anzeigen. Die Option */fl* formatiert die Ausgabe als Liste, die Option */ft* erstellt eine Tabelle. Wollen Sie aber nicht alle Informationen, sondern nur einzelne Parameter anzeigen, können Sie diese nach der Option */fl* anordnen. Dazu geben Sie einfach eine der Spalten an, die Sie mit dem *Get-*Cmdlet abgefragt haben.

WSUS, DHCP, BranchCache und die PowerShell

Wer WSUS in der PowerShell verwalten will, kann sich mit dem Befehl *get-command -module updateservices* alle CMDlets anzeigen lassen, mit denen sich die Windows Server Update Services verwalten lassen.

Die Steuerung von WSUS nehmen Sie mit folgenden CMDlets vor:

- *Add-WsusComputer* – Fügt einen angebundenen PC einer bestimmte WSUS-Gruppe hinzu

- *Approve-WsusUpdate* – Gibt Updates frei

- *Deny-WsusUpdate* – Verweigert Updates

- *Get-WsusClassification* – Zeigt alle verfügbaren Klassifikationen an, die aktuell verfügbar sind

- *Get-WsusComputer* – Zeigt WSUS-Clients/ und -Computer an

- *Get-WsusProduct* – Zeigt eine Liste aller Produkte auf dem WSUS an, für die der Server Patches bereithält.

- *Get-WsusServer* – Zeigt alle WSUS-Server im Netzwerk an

- *Get-WsusUpdate* – Zeigt Informationen zu Updates an

- *Invoke-WsusServerCleanup* – Startet den Aufräumevorgang

- *Set-WsusClassification* – Fügt Klassifikationen zu WSUS hinzu

- *Set-WsusProduct* – Fügt Produkte zu WSUS hinzu

- *Set-WsusServerSynchronization* – Steuert die WSUS-Synchronisierung

Die Einstellungen eines Bereichs können Sie in der PowerShell abfragen. Dazu verwenden Sie den Befehl *Get-DhcpServerv4Scope*. Alle Cmdlets zur Verwaltung von DHCP in Windows Server 2012 R2 erhalten Sie durch die Eingabe von *Get-Command *dhcp**.

BranchCache können Sie umfassend in der PowerShell verwalten. Die entsprechenden Befehle erhalten Sie durch Eingabe von *Get-Command *bc** und auf der Seite http://technet.microsoft.com/library/hh848392.aspx.

Windows-Updates in der Eingabeaufforderung und PowerShell - Wusa.exe und Get-Hotfix

Sie können auch in Windows 10 in der Eingabeaufforderung oder der PowerShell mit dem Tool *wusa.exe* Windows-Updates installieren und deinstallieren:

Wusa.exe <MSU-Datei des Patches> /quiet /norestart

Die Option */quiet* installiert ohne Rückmeldung, durch die Option */norestart* startet der PC auch dann nicht neu, wenn der Patch das fordert. Mit der Option */uninstall* können Sie Updates deinstallieren:

Wusa.exe /uninstall /kb:<Knowledgebase-Nummer des Patches>

In der Eingabeaufforderung können Sie auch in Windows 10 die installierten Updates anzeigen lassen. Dazu wird der Befehl *wmic qfe* verwendet.

Auch in der PowerShell lassen sich die installierten Updates anzeigen. Dazu wird das CMDlet *get-hotfix* verwendet.

Das CMDlet kann aber nicht nur Updates des lokalen Rechners anzeigen, sondern auch Updates, die auf Rechnern im Netzwerk installiert sind:

Get-hotfix -computername <Name des Rechners>

Update-Verwaltung in der PowerShell

Um Updates in der PowerShell über Skripte zu verwalten, können Sie das kostenlose PowerShell-Modul „Windows Update PowerShell Module" (https://gallery.technet.microsoft.com/scriptcenter/2d191bcd-3308-4edd-9de2-88dff796b0bc#content) verwenden.

Laden Sie dieses herunter und entpacken Sie die ZIP-Datei. Kopieren Sie danach das Verzeichnis PSWindowsUpdate aus dem Archiv in das Verzeichnis *%WINDIR%\System32\WindowsPowerShell\v1.0\Modules*. Achten Sie darauf, dass die CMDlets des Moduls direkt in diesem Verzeichnis gespeichert sind, da ansonsten das Modul nicht funktioniert.

Öffnen Sie danach die Windows-PowerShell und lassen Sie das Modul mit Import-Module PSWindowsUpdate laden. Danach stehen die CMDlets zur Verfügung. Folgende sind Bestandteil des Moduls:

- *Add-WUOfflineSync*
- *Add-WUServiceManager*
- *Get-WUHistory*
- *Get-WUInstall*
- *Get-WUInstallerStatus*
- *Get-WUList*
- *Hide-WUUpdate*
- *Invoke-WUInstall*
- *Get-WURebootStatus*
- *Get-WUServiceManager*
- *Get-WUUninstall*
- *Remove-WUOfflineSync*
- *Remove-WUServiceManager*
- *Update-WUModule*

Systemprozesse und Dienste in der PowerShell überwachen und steuern

Eine häufige Administrationsaufgabe ist die Verwaltung der laufenden Prozesse auf einem Server. Über den Befehl *Get-Process* können Sie sich alle laufenden Prozesse eines Computers anzeigen. Wollen Sie aber zum Beispiel nur alle Prozesse mit dem Anfangsbuchstaben „S" angezeigt bekommen, geben Sie den Befehl *Get-Process s** ein. Sollen die Prozesse zusätzlich noch sortiert werden, zum Beispiel absteigend nach der CPU-Zeit, geben Sie *Get-Process s** gefolgt von der Pipe-Option *|Sort-Object cpu -Descending* ein.

Dienste können Sie in der PowerShell mit *Start-Service, Stop-Service, Get-Service* und *Set-Service* starten und beenden. Auch die Befehlszeilentools *net start* und *net stop* helfen bei der Verwaltung der Systemdienste und funktionieren auch in der PowerShell. Eine weitere Möglichkeit ist der Befehl *sc query*.

Sie können Server auch in der PowerShell benennen, neu starten und in Domänen aufnehmen. Dazu verwenden Sie die Cmdlets

Rename-Computer -Name [Computername]

Add-Computer -DomainName [Domänenname]

Restart-Computer

Ereignisanzeige mit der PowerShell anzeigen

Sie können mit der PowerShell die Ereignisanzeige auf Computern nutzen. Dazu wird das CMDlet *Get-Eventlog* verwendet. Mit den Optionen *system*, *application* und *security* lassen sich die einzelnen Ereignisanzeigen öffnen. Das Anzeigen des Sicherheitsprotokolls lässt sich allerdings nur durchführen, wenn die PowerShell-Sitzung mit Administratorrechten gestartet wurde.

Wird auf diesem Weg die ganze Ereignisanzeige ausgelesen, wird es schnell unübersichtlich. Sie können aber zum Beispiel auch nur die aktuellsten Meldungen anzeigen, zum Beispiel mit folgendem Befehl: *Get-Eventlog system -Newest 100*. Reicht dieser Filter nicht aus, lässt er sich noch so erweitern, dass er nur die Fehlermeldungen anzeigt:

Get-Eventlog system -Newest 100 | here-Object {$_.entryType -Match "Error"}

Der Filter lässt sich auch noch ausbauen, sodass er die Meldungen optimal formatiert und nur die gewünschten Informationen anzeigt:

Clear-Host

$Event = Get-Eventlog -Logname system -Newest 1000

$logError = $Event | Where {$_.entryType -Match "Error"}

$logError | Sort-Object EventID |Format-Table EventID, Source, TimeWritten, Message -auto

Interessant in diesem Zusammenhang ist auch die Möglichkeit nach bestimmten Quellen filtern zu lassen:

Get-EventLog System -Newest 10 -Source "Service" | Format-Table TimeWritten, Source, EventID, Message -auto*

Auch nach der ID lässt sich filtern:

Get-EventLog -Logname system -InstanceId 7040 -Newest 10

Sie können über die Eingabeaufforderung mit dem Befehl *eventcreate.exe* eigene Einträge in den verschiedenen Ereignisanzeigen erstellen. Beispielsweise lässt sich dieser Befehl für eigene Skripts oder Batchdateien verwenden. Die Syntax für den Befehl lautet:

Eventcreate [/S <Computername> [/U <Benutzername> [/P <Kennwort>]]] /ID <Ereignis-ID>

[/L <Protokollname>] [/SO <Quelle>] } /T Typ /D <Beschreibung>

Als Typ stehen *SUCCESS, ERROR, WARNING* und *INFORMATION* zur Verfügung.

Ein Beispielevent ist zum Beispiel:

Eventcreate /T Information /ID 523 /L System /D "Anwendung Thomas 1 erfolgreich installiert"

Diese Informationen lassen sich dann auch wieder mit der PowerShell auslesen. Soll nur der Text der Ereignismeldung angezeigt werden, kann dieser natürlich gesondert gefiltert werden:

get-eventlog system -newest 1 |fl Message

Local Administrator Password Solution - Lokale Adminkonten über das Netzwerk mit der PowerShell verwalten

Mit dem kostenlosen Tool Local Administrator Password Solution (LAPS) (https://www.microsoft.com/en-us/download/details.aspx?id=46899)können Sie lokale Administrator-Konten konfigurieren und überwachen. Im Bereich der Datensicherheit spielen nicht nur Domänenkonten eine wichtige Rolle, sondern auch die Administratoren lokaler Server.

Die Lösung wird vor allem in Active Directory-Umgebungen eingesetzt um lokale Server besser abzusichern. Die Software unterstützt Windows Vista bis Windows 10 und Windows Server 2003 bis Windows Server 2012 R2.

Damit Unternehmen das Produkt einsetzen können, ist eine Erweiterung des Active Directory-Schemas notwendig. Durch diese Erweiterung werden die beiden neuen Attribute *ms-Mcs-AdmPwd* und *ms-Mcs-AdmPwdExpirationTime* in das Active Directory integriert. In den Werten speichert Active Directory das lokale Administrator-Kennwort des entsprechenden Clients und dessen Ablauf.

De eigentliche Absicherung der lokalen Administrator-Konten erfolgt über Gruppenrichtlinien, die zentral alle lokalen Benutzerkonten steuern. Auf den Client-Computern wird ebenfalls die Erweiterung aus der Datei *laps.x64.msi* installiert. Hier wird jedoch lediglich die Option „AdmPwd GPO Extension" installiert. Die Verteilung des Agenten kann über lokale Installationen, Anmeldeskripte, System Center Configuration Manager, oder mit Skripten erfolgen. Auf 32-Bit-Clients muss natürlich die 32-Bit-Version des Clients installiert werden. Die Installation ohne Benutzereingabe kann über folgende Befehle erfolgen:

msiexec /i <Pfad>\LAPS.x64.msi /quiet

msiexec /i <Pfad>\LAPS.x86.msi /quiet

Alternativ können Sie die Datei *AdmPwd.dll* auf die Clientcomputer kopieren und danach im System registrieren. Dazu wird der Befehl *regsvr32.exe AdmPwd.dll* verwendet. In diesem Fall erscheint das Tool aber nicht in der Systemsteuerung bei den installierten Programmen.

Im ersten Schritt muss auf dem Verwaltungs-Server LAPS installiert werden. Dazu nutzen Sie die Datei *laps.x64.msi*. Über einen Assistenten sollten alle Funktionen der Lösung ausgewählt und installiert werden. Danach wird auf dem Verwaltungs-Server das Modul für die Steuerung der Kennwörter in die PowerShell geladen. Dazu muss zuerst eine PowerShell-Sitzung mit Administrator-Rechten geöffnet werden. Danach wird der Befehl *Import-module AdmPwd.PS* eingegeben.

Im nächsten Schritt wird das Schema mit dem Befehl *Update-AdmPwdADSchema* erweitert. Der Status ist in der PowerShell-Sitzung zu sehen. Der Befehl *get-command *AdmPwd** oder *get-command -Module AdmPwd.PS* zeigt alle verfügbaren Befehle an.

Die neuen Gruppenrichtlinieneinstellungen für LAPS sind im Gruppenrichtlinienverwaltungs-Editor über *Computerkonfiguration\Richtlinien\Administrative Vorlagen\Laps* zu finden. Mit der grafischen Oberfläche LAPS UI können Sie Einstellungen auch ohne Richtlinien vornehmen. Die Einstellungen lassen sich auch über das Netzwerk vornehmen. Die Abfragen funktionieren auch in der PowerShell. Dazu wird der Befehl *Get-AdmPwdPassword -ComputerName <Computername>* verwendet.

Lokale Kennwörter lassen sich mit LAPS UI aber auch in der PowerShell ändern. Dazu wird der Befehl *Reset-AdmPwdPassword -ComputerName <Somputername> -WhenEffective <Datum>* genutzt.

Festplattenverwaltung in der PowerShell

Um Festplatten zu verwalten müssen Sie in Windows nicht immer die grafische Oberfläche nutzen. Viele Einstellungen lassen sich teilweise schneller in der PowerShell durchführen.

Alle Befehle, die in der PowerShell zur Verfügung stehen, lassen Sie sich mit *Get-Command -Module Storage | Sort Noun, Verb* anzeigen. Um zum Beispiel die physischen Festplatten abzufragen, hilft der Befehl *Get-PhysicalDisk*. Die Ausgabe zeigt auch an, ob sich die Platte in einem neuen Speicherpool anordnen lässt. Das erkennen Sie an der Option *CanPool* über den Wert *True*.

Wer genauere Informationen will, gibt *Get-PhysicalDisk |fl* ein. Durch Eingabe von Spalten nach *|fl* lassen sich erweiterte Informationen angeben und unwichtige ausblenden. Ein Beispiel dafür ist *Get-PhysicalDisk |fl FriendlyName, BusType, CanPool, Manufacturer, Healthstatus*. Das funktioniert mit allen Get-Cmdlets. Mit *Get-Disk* lassen Sie sich ebenfalls alle Festplatten anzeigen. Die Partitionierung lassen Sie mit *Get-Disk <Nummer> | Get-Partition* anzeigen.

Auch Speicherpools und deren Storage Spaces lassen sich in der PowerShell verwalten. Um die Ausfallsicherheit der verschiedenen virtuellen Festplatten anzuzeigen, verwenden Sie das Cmdlet *Get-ResilencySetting*.

Add-PhysicalDisk -StoragePoolFriendlyName <Speicherpool> fügt eine neue Festplatte hinzu

Remove-VirtualDisk löscht virtuelle Festplatten

Remove-StoragePool löscht einen kompletten Speicherpool

Repair-VirtualDisk kann Speicherpools reparieren

Sie können neue Festplatten auch direkt als Hot-Spare zu einen Speicherpool hinzufügen:

Add-PhysicalDisk -StoragePoolFriendlyName <Name> -PhysicalDisks (Get-PhysicalDisk -friendlyname <Name>) -Usage Hot-Spare

Um zum Beispiel eine physische Festplatte zu entfernen, verwenden Sie folgende Befehle:

Set-PhysicalDisk -FriendlyName <Name> -Usage Retired

Get-PhysicalDisk -FriendlyName <Name> | Get-VirtualDisk | Repair-VirtualDisk

VHD(X)-Festplatten konvertieren und in der PowerShell verwalten

Haben Sie noch VHD-Dateien im Einsatz, können Sie diese in VHDX-Dateien umwandeln. Sie können zum Konvertieren den Hyper-V-Manager nutzen, oder das CMDlet *convert-VHD*. Das CMDlet *convert-vhd* steht auch zur Verfügung, wenn Sie Hyper-V in Windows 8.1/10 installiert haben. Die Syntax des Befehls ist:

Convert-VHD -Path <Pfad zur VHD(X)-Datei> -DestinationPath <Pfad zur Zieldatei>

Eine weitere Option ist die Möglichkeit den Typ der Festplatte zu ändern, zum Beispiel mit:

Convert-VHD -Path <Pfad der VHD/VHDX-Datei> -DestinationPath <Zielpfad und Datei> -VHDType Differencing -ParentPath <Übergeordnete Festplatte>

Ein weiteres Beispiel ist: *Convert-VHD -Path hd1.vhd -DestinationPath hd1.vhdx -VHDType Dynamic.* Alle Optionen des CMDlets finden Sie auf der *Seite http://technet.microsoft.com/en-us/library/hh848454.asp.* Neben der Möglichkeit das Format von Festplatten in der PowerShell umzuwandeln, können Sie auch die Größe von Festplatten in der PowerShell anpassen. Dabei hilft das CMDlet *Resize-VHD*, zum Beispiel:

Resize-VHD -Path c:\vm\owa.vhdx -SizeBytes 1TB

Neben diesen Spezialaufgaben, können Sie auch einfach mit *New-VHD* neue Festplatten erstellen und mit *Get-VHD* Informationen zu den Festplatten anzeigen. Virtuelle Festplatten lassen sich in der PowerShell auch direkt mit virtuellen Servern verbinden:

Add-VMHardDiskDrive -VMName <VM> -Path <VHDX-Datei>

Natürlich können Sie virtuelle Festplatten auch direkt am Host anbinden, zum Beispiel um Daten auf die virtuelle Platte zu kopieren und diese erst dann dem virtuellen Server anzubinden: *mount-vhd <VHD-Datei>*. Mit dem CMDlet *unmount-vhd* trennen Sie die virtuelle Platte wieder vom System.

Datenträgerformat im laufenden Betrieb wechseln

Die Konvertierung eines MBR-Datenträgers in einen GPT-Datenträger und umgekehrt kann nur durchgeführt werden, wenn der Datenträger leer ist. Dazu klicken Sie in der Datenträgerverwaltung von Windows den Datenträger mit der rechten Maustaste an und wählen den entsprechenden Befehl aus. Sie können die Konvertierung aber auch in der Befehlszeile durchführen:

Starten Sie eine Eingabeaufforderung mit Administratorrechten

Starten Sie *diskpart.*

Geben Sie *list disk* ein.

Geben Sie *select disk <Nummer der Disk, die Sie konvertieren wollen>* ein.

Geben Sie *clean* ein.

Geben Sie *convert gpt* ein, den umgekehrten Weg gehen Sie mit *convert mbr.*

In der Datenträgerverwaltung (*diskmgmt.msc*) finden Sie den Partitionierungsstil, wenn Sie die Eigenschaften des Datenträgers aufrufen, auf der Registerkarte *Volumes*. In der PowerShell lassen Sie sich den Partitionierungsstil mit *Get-Disk | select FriendlyName, PartitionStyle* anzeigen.

Den Partitionierungsstil legen Sie mit dem folgenden Befehl auf GPT fest:

Initialize-Disk <Nummer> -PartitionStyle GPT

Ein weiteres Beispiel um einen Datenträger zu erstellen und zu formatieren ist:

Get-Disk 1 | Clear-Disk -RemoveData

New-Partition -DiskNumber 1 -UseMaximumSize -IsActive -DriveLetter Z | Format-Volume -FileSystem NTFS -NewFileSystemLabel Data

Verwaltetes Dienstkonto für ADFS einrichten

Für die Active Directory-Verbunddienste verwenden Sie am besten ein gruppiertes verwaltetes Dienstkonto. Dieses legen Sie in der PowerShell an und geben gleich den Namen des zukünftigen ADFS-Servers mit. Die Befehle zum Anlegen des verwalteten Dienstkontos sehen dann folgendermaßen aus:

Add-KdsRootKey -EffectiveTime (Get-Date).AddHours(-10)

New-ADServiceAccount adfsGmsa -DNSHostName s1.contoso.com -ServicePrincipalNames http/s1.contoso.com

Sie benötigen dazu das Active-Directory-Modul für die PowerShell. Auf normalen Servern müssen Sie dazu die Remoteverwaltungstools für Active Directory installieren, auf Domänencontrollern ist das Modul automatisch verfügbar. Die Daten des angelegten Dienstkontos zeigen Sie mit *Get-ADServiceAccount adfsGmsa* an.

Geräteregistrierung für ADFS in der PowerShell konfigurieren

Sobald die ADFS-Infrastruktur konfiguriert ist, müssen Sie die Geräteregistrierung auf dem ADFS-Server einrichten. Dazu öffnen Sie eine PowerShell-Sitzung und geben den folgenden Befehl ein:

Initialize-ADDeviceRegistration

Sie werden nach dem Dienstkonto gefragt. Hier geben Sie die Daten des verwalteten Dienstkontos ein, zum Beispiel *contoso\adfsgmsa$*.

Danach geben Sie den folgenden Befehl ein:

Enable-AdfsDeviceRegistration

Die PowerShell für die Untersuchung von Active Directory nutzen

Mit der PowerShell können Sie prüfen, ob ein Server kompatibel mit Active Directory ist. Außerdem können Sie Active Directory über die PowerShell installieren und nach der Installation mit der PowerShell die Installation und Replikation prüfen. Dabei helfen einige CMDlets, die einfach bedienbar sind, aber umfangreiche Ergebnisse bieten.

In der PowerShell testen Sie Domänencontroller mit den Cmdlets *Test-ADDSDomainControllerInstallation, Test-ADDSDomainControllerUninstallation, Test-ADDSDomainInstallation, Test-ADDSForestInstallation* und *Test-ADDSReadOnlyDomainControllerAccountCreation*.

Das Cmdlet *Test-ADDSDomainControllerInstallation* (http://technet.microsoft.com/en-us/library/hh974725.aspx) testet die Voraussetzungen für die Installation eines Domänencontrollers. Die Voraussetzungen für schreibgeschützte Domänencontroller testen Sie mit *Test-ADDSReadOnlyDomainControllerAccountCreation* (http://technet.microsoft.com/en-us/library/hh974721).

Damit Sie die Tests ausführen können, müssen Sie noch Benutzername und Kennwörter eingeben. Diese akzeptiert das entsprechende Cmdlet aber nur als sichere Eingabe. Ein Beispiel für den Befehl ist:

Test-ADDSDomainControllerInstallation -Domainname <DNS-Name der Domäne> -SafeModeAdministratorPassword (read-host -prompt Kennwort -assecurestring)

Um einen neuen Domänencontroller zu installieren, verwenden Sie das Cmdlet *Install-ADDSDomainController*. Damit der Befehl funktioniert geben Sie den Namen der Domäne, mit und konfigurieren das Kennwort für den Verzeichnisdienst-Wiederherstellungsmodus als *SecureString*. Dazu verwenden Sie folgenden Befehl:

Install-ADDSDomainController -Domainname <DNS-Name der Domäne> - SafeModeAdministratorPassword (read-host -prompt Kennwort -assecurestring)

Hyper-V und VMs in der PowerShell verwalten

Neben dem Server-Manager, können Sie auch die PowerShell zur Installation von Hyper-V nutzen. Mit dem Cmdlet-Aufruf *Get-WindowsFeature Hyper-V** zeigen Sie an, ob die Rolle und die Verwaltungstools bereits installiert sind.

In Windows Server 2012 R2 können Sie mit *-Computername* die Installation auch auf Remoteservern im Netzwerk überprüfen. Um Hyper-V oder die Verwaltungstools zu installieren, verwenden Sie das Cmdlet *Install-WindowsFeature* (in Windows Server 2008 R2 *Add-WindowsFeature*). Mit *Install-WindowsFeature Hyper-V* installieren Sie die Serverrolle, mit der Option *-IncludeManagementTools* inklusive der Verwaltungstools.

Soll der Server gleich automatisch neu starten, verwenden Sie noch die Option *-Restart*. Die Verwaltungstools alleine installieren Sie mit *Install-WindowsFeature Hyper-V-Tools*.

Hyper-V lässt sich optimal in der PowerShell verwalten. Geben Sie in der PowerShell *Get-Command - Module Hyper-V* ein, erhalten Sie eine Liste der verfügbaren Cmdlets. Sie können zum Beispiel virtuelle Switches in der PowerShell erstellen und verwalten. Die entsprechenden Cmdlets finden Sie am schnellsten, wenn Sie in der PowerShell *Get-Command *vmswitch** eingeben.

Neben den Switches können Sie auch die virtuellen Netzwerkadapter in der PowerShell steuern. Hier sehen Sie die Befehle mit *Get-Command *vmnetworkadapter**.

Sie haben natürlich auch die Möglichkeit, virtuelle Server in der PowerShell zu erstellen. Dazu verwenden Sie das Cmdlet *New-VM -Name <Name des virtuellen Servers>*. Neue virtuelle Festplatten erstellen Sie mit *New-VHD*.

Neben der grafischen Oberfläche können Sie virtuelle Server in der PowerShell steuern. So schalten Sie mit *Stop-VM* virtuelle Maschinen aus, starten Sie mit *Start-VM* und rufen den Zustand mit *Get-VM* ab. Um sich eine Liste der verfügbaren Befehle anzuzeigen, verwenden Sie *Get-Command *vm**.

Sie können über die PowerShell Server auch neu starten (*Restart-VM*), anhalten (*Suspend-VM*) und wieder fortführen lassen (*Resume-VM*). Virtuelle Server können Sie mit *Import-VM* importieren und mit *Export-VM* exportieren. Snapshots erstellen Sie mit *Checkpoint-VM*.

Es gibt aber eine Vielzahl weiterer Skripts für Hyper-V, die bei der Verwaltung der Virtualisierungsumgebung helfen:

Deleting a snapshot sub-tree–via PowerShell
(http://blogs.msdn.com/b/virtual_pc_guy/archive/2011/10/21/deleting-a-snapshot-subtree-via-powershell-hyper-v.aspx?wa=wsignin1.0) –Das Skript löscht alle Snapshots eines virtuellen Servers auf einmal.
Script to attach a USB device to a virtual machine
(http://blogs.msdn.com/b/virtual_pc_guy/archive/2011/01/18/script-to-attach-a-usb-device-to-a-

virtual-machine-vpc.aspx) - Das Skript kann die Anbindung von USB-Festplatten direkt an VMs über die PowerShell durchführen.

PowerShell Management Library for Hyper-V (https://pshyperv.codeplex.com) – Hier erhalten Sie einige Erweiterungen für Hyper-V, die zumindest in den Vorgängerversionen von Windows Server 2012 R2 noch nicht enthalten waren.

GUI Hyper-v Manager for Server 2012 core console using Powershell (http://pshvm.codeplex.com) – Das Skript bietet die Möglichkeit Core-Server in Hyper-V über eine grafische PowerShell-Oberfläche zu verwalten.

Mehr zu den Möglichkeiten von Hyper-V und weitere Skripte finden Sie auch im ebook **System Center Virtual Machine Manager 2012 R2: Installation, Einrichtung, Grundlagen** (http://www.amazon.de/gp/product/B00NLEG5MO?*Version*=1&*entries*=0).

Sie können ganz einfach überprüfen, ob Prüfpunkte für virtuelle Server auf den Hyper-V-Hosts erstellt wurden. Dazu nutzen Sie den folgenden Befehl in der PowerShell:

Get-VM | Get-VMSnapshot

IP-Adressen und Daten von virtuellen Servern auslesen

Im Hyper-V-Manager sehen Sie die IP-Adressen und Netzwerkdaten von virtuellen Servern, wenn Sie einen Server markieren und ganz unten die Registerkarte *Netzwerk* aufrufen. Sie sehen an dieser Stelle auch den virtuellen Switch mit dem der virtuelle Server verbunden ist und welchen Status die Verbindung hat. Das funktioniert auch wenn Sie Hyper-V in Windows 8.1/10 nutzen. Sie sehen im Fenster auch die aktuelle MAC-Adresse des Servers. Diese spielt zum Beispiel auch für den Aufbau eines Lastenausgleichclusters eine Rolle. Über diesen Weg können Sie die IP-Adressen der virtuellen Server im Hyper-V-Manager für alle angebundenen Hyper-V-Hosts anzeigen.

Eine Liste aller erstellten virtuellen Server eines Hyper-V-Hosts rufen Sie mit *Get-VM* ab. Mit der Option */fl* erhalten Sie weiterführende Informationen. Alternativ verwenden Sie */ft*. Sie erhalten so auch Echtzeitdaten, also auch den zugewiesenen Arbeitsspeicher, wenn Sie Dynamic Memory einsetzen.

Sie können in der PowerShell aber nicht nur Daten von virtuellen Servern auslesen, sondern mit *Get-VMhost* auch Informationen zu den Hyper-V-Host im Netzwerk. Ausführliche Informationen erhalten Sie auch mit diesem CMDlet über die beiden Optionen */fl* und */ft*.

Informationen zu virtuellen Switches zeigt die PowerShell mit *Get-VMSwitch* an. Sie können sich die Einstellungen der virtuellen Netzwerkkarten mit dem folgenden Befehl anzeigen lassen:

Get-VMNetworkAdapter -VMName <Name des virtuellen Servers> /fl

Mit diesem CMDlet erhalten Sie auch die MAC-Adressen und IP-Adressen der virtuellen Server auf dem Hyper-V-Host. Wo die virtuellen Festplatten eines virtuellen Servers gespeichert sind, sehen Sie im Hyper-V-Manager in dessen Einstellungen im Bereich *IDE-Controller* oder *SCSI-Controller*. Sie können die virtuellen Festplatten auch in der PowerShell mit den Cmdlets *Get-VMIdeController, Get-VMScsiController, Get-VMFibreChannelHba* und *Get-VMHardDiskDrive* abfragen.

In der PowerShell haben Sie auch die Möglichkeit das Ergebnis einer Get-Abfrage an ein anderes CMDlet zu übergeben. So können Sie zum Beispiel mit *Get-VM* die virtuellen Server eines Hyper-V-Hosts auslesen und mit *Get-VMHardDiskDrive* die virtuellen Festplatten dieser Server anzeigen lassen. Dazu verwenden Sie den Befehl *Get-VMHardDiskDrive (Get-VM)*.

Zum Auslesen der IP-Adressen und Netzwerkdaten können Sie daher nicht nur die Möglichkeiten des Abschnitts weiter vorne verwenden, sondern auch das CMDlet *Get-VMNetworkAdapter*. Wollen Sie zum Beispiel aus allen virtuellen Servern die IP-Adressen auslesen, rufen Sie wieder mit *Get-VM* die virtuellen Server eines Hosts ab und übergeben das Ergebnis an *Get-VMNetworkAdapter*.

Anschließend können Sie zum Beispiel das Ergebnis noch filtern und nur die IP-Adressen der virtuellen Server anzeigen. Dazu verwenden Sie zum Beispiel den Befehl *Get-VM | foreach{(Get-VMNetworkAdapter $_).IPAddresses}*. Mit dem Zusatz *foreach* liest der Befehl nacheinander die gewünschten Daten aller VMs aus und zeigt diese an. Mit dem Befehl lesen Sie aber nicht nur die IP-Adressen der virtuellen Server auf einem lokalen Hyper-V-Host aus, sondern können auch Hosts im Netzwerk abfragen. Dazu nutzen Sie den Befehl *Get-VM -computername <Name des Hyper-V-Hosts> | foreach{(Get-VMNetworkAdapter $_).IPAddresses}*.

WMI-Abfragen nutzen um Festplattendaten oder IP-Adressen anzuzeigen

Eine weitere Möglichkeit um Daten virtuelle Server, aber auch von physischen Servern im Netzwerk abzufragen, sind WMI-Abfragen. Dazu nutzen Sie die PowerShell und das CMDlet *Get-WMI-Object*. Dem CMDlet übergeben Sie ein bestimmtes WMI-Objekt und lassen sich so die entsprechenden Daten des Servers anzeigen. Um zum Beispiel Daten von Festplatten auszulesen verwenden Sie das WMI-Objekt *Win32_LogicalDisk*. Als Beispiel nutzen Sie den Befehl *Get-WmiObject Win32_LogicalDisk*. Sie haben auch die Möglichkeit das Ergebnis zu filtern. Dazu nutzen Sie die Option *-filter*.

Auch für das CMDlet *Get-WMI-Object* haben Sie die Möglichkeit über das Netzwerk Daten von physischen oder virtuellen Servern abzufragen. Dazu nutzen Sie die Option *-Computername*. Eine ausführliche Liste der stehenden WMI-Objekte erhalten Sie über *Get-WmiObject -List*.

Außer Laufwerke können Sie auch Einstellungen der Netzwerkkarten abfragen. Dazu verwenden Sie die Klasse *Get-WmiObject Win32_Networkadapter*. Sie sehen hier alle wichtigen physischen Einstellungen der Netzwerkkarten. Sie können in der PowerShell anzeigen ob es sich um einen 32-Bit oder 64-Bit-Computer handelt. Dazu verwenden Sie den Befehl *Get-WmiObject -Class Win32_ComputerSystem -ComputerName . | Select-Object -Property SystemType*.

Bessere Desired State Configuration mit PowerShell 5.0

Die neue Version verbessert auch Desired State Configuration (DSC). Mit der neuen Option *ThrottleLimit*, können Sie die Anzahl der Zielcomputer für DSC festlegen, auf denen die Ihnen gewünschten Einstellungen gleichzeitig umgesetzt werden können. Mit dem neuen Modul *PowerShellGet* können Sie DSC-Ressourcen in der PowerShell Resource Gallery (https://msconfiggallery.cloudapp.net) nutzen, installieren oder hochladen.

Datenmessung der Speichernutzung in der PowerShell

Damit die Richtlinien für die Speichernutzung in Windows Server 2012 korrekt erstellt werden können, sollte natürlich zuvor festgestellt werden, welchen Ressourcenverbrauch die einzelnen VMs haben. Dazu besteht die Möglichkeit diesen Verbraucht zu messen.

Sie aktivieren dazu mit dem CMDlet *enable-vmresourcemetering* die Messung. Um die Daten für einzelne VMs danach anzuzeigen, verwenden Sie zum Beispiel das CMDlet *Measure-VM* mit dem Befehl: *(get-vm | measure-vm).HardDiskMetrics*

19

Die Datenmessung lässt sich mit dem CMDlet *reset-vmresourcemetering* zurücksetzen und mit *disable-vmresourcemetering* deaktivieren.

Windows Server 2016 bietet hier zum Beispiel die neue Information zu „NormalizedIOCount". Gezählt werden an dieser Stelle IO-Operationen in 8KB-Blöcken. IO unter 8KB wird als 1 gezählt, IO über 8KB als mehrfaches von 1. Ein IO von 1-8KB zählt also als 1, ein IO von 9KB zählt als 2, 16KB als 2, 17KB als 3, usw. 128 KB zählen zum Beispiel als 8.

Core-Server mit Windows Server 2012 R2/2016 - Wechsel zwischen GUI-Variante, Core-Server und Minimal Server Interface

Um zwischen der Core-Variante und grafischen Oberfläche zu wechseln, müssen Sie im Server-Manager von Windows Server 2016 die entsprechenden Features auf der Seite „Select Features" im Bereich „User Interfaces and Infrastructure" die beiden Features „Desktop Experience" und „Server Graphical Shell" installieren.

Standardmäßig ist in Windows Server 2016 bereits die Minimal Interface Shell installiert. Dabei handelt es sich um Das Feature „Graphical Management Tool". Bei diesem Interface ist der Server-Manager installiert, es fehlen aber Tools wie Windows-Explorer und der Desktop. Sie können daher in Windows Server 2016 zwischen drei Oberflächen wechseln, genauso wie in Windows Server 2012 R2:

Minimal Server Interface - Das Feature „Graphical Management Tool" ist installiert. In der PowerShell trägt dieses Feature die Bezeichnung „Server-Gui-Mgmt-Infra"

Core-Server - Weder „Desktop Experience", noch „Server Graphical Shell" und „Graphical Management Tool" sind installiert. Es stehen nur Befehlszeile, PowerShell und einige wenige Tools für die grafische Oberfläche zur Verfügung. Verwaltet wird der Server mit dem textbasierten Tool „sconfig", welches in der Befehlszeile gestartet wird.

Grafische Oberfläche - Hier sind „Desktop Experience", „Server Graphical Shell" und „Graphical Management Tool" installiert. Es steht die gleiche grafische Oberfläche zur Verfügung, wie in Windows 10.

Um die grafische Verwaltungsoberfläche zu deinstallieren, muss unbedingt zuerst das Feature „Server Graphical Shell" deinstalliert werden und erst danach „Desktop Experience" und „Graphical Management Tools". Die Installation können Administratoren in der grafischen Oberfläche durchführen oder in einer PowerShell-Sitzung. Diese lässt sich in der Befehlszeile der Core-Installation sehr einfach über die Eingabe von „powershell" in der Befehlszeile öffnen. Es stehen folgende Optionen zur Verfügung:

Wechsel von GUI to Minimal Server Interface: *Uninstall-WindowsFeature Server-Gui-Shell -Restart*

Wechsel von Minimal Server Interface zu Core: *Uninstall-WindowsFeature Server-Gui-Mgmt-Infra -Restart*

Wechsel von Core zu Minimal Server Interface: *Install-WindowsFeature Server-Gui-Mgmt-Infra -Restart*

Wechsel von Core zur GUI: *Install-WindowsFeature Server-Gui-Shell -Restart*

Microsoft Azure Virtual Machines in der PowerShell verwalten und abfragen

Die meisten Aufgaben zur Verwaltung von VMs in Microsoft Azure können Sie auch mit der PowerShell durchführen. Dazu müssen Sie die Azure-CMDlets für PowerShell herunterladen und einrichten. Die Azure PowerShell (https://azure.microsoft.com/de-de/documentation/articles/powershell-install-configure) kann zum Beispiel von einem lokalen Rechner aus Sicherungsaufgaben in Microsoft Azure durchführen. Neben der manuellen Sicherung können Sie auch Zeitpläne erstellen, zu denen die virtuellen Server automatisch gesichert werden.

Sie haben auch die Möglichkeit die Sicherung zu delegieren. In diesem Fall legen Sie in Microsoft Azure über Azure Active Directory einen Benutzer an, der Administratorrechte verfügt. Diesem weisen Sie dann die Möglichkeit zu Sicherungen durchzuführen. Wenn Sie Azure PowerShell installiert, eingerichtet und mit Ihrem Abonnement verbunden haben, erhalten Sie durch Eingabe des Befehls *get-command -module azure* eine Liste der zur Verfügung stehenden CMDlets

Mit dem CMDlet *get-azurevm* lassen Sie sich zunächst eine Liste der installierten VMs anzeigen. Für diese VMs können Sie Sicherungsaufgaben konfigurieren.

Neben einfacheren Möglichkeiten, können Sie auch Skripte erstellen und die Sicherung automatisieren lassen. Wie Sie dazu vorgehen, zeigt Microsoft in der TechNet (http://blogs.technet.com/b/germany/archive/2015/03/13/gastbeitrag-backup-und-snapshots-mit-microsoft-azure.aspx). Wie beim Einsatz von lokalen Virtualisierungsumgebungen auf Basis von Hyper-V, können Sie die VMs in Microsoft Azure auch exportieren und importieren. Dazu nutzen Sie die CMDlets *Export-AzureVM* und *Import-AzureVM*.

Amazon Web Services in der PowerShell steuern

Sie können AWS auch mit der PowerShell verwalten. Dazu stellt Amazon die AWS-Tools für Windows Powershell (http://aws.amazon.com/de/powershell) zur Verfügung.

Hyper-V-Livemigration in der PowerShell steuern

Um die notwendigen Features für einen Hyper-V-Cluster zu installieren, können Sie auch die PowerShell verwenden. Geben Sie die folgenden Cmdlets ein:

Add-WindowsFeature Hyper-V

Add-WindowsFeature Failover-Clustering

Add-WindowsFeature Multipath-IO

Nachdem der Assistent alle wichtigen Punkte erfolgreich getestet hat, erstellen Sie den Cluster für die Livemigration. Sie können auch in der PowerShell einen Cluster erstellen. Die Syntax dazu lautet:

New-Cluster -Name <Clustername> -StaticAddress <IP-Adresse des Clusters> -Node <Knoten 1>, <Knoten 2>

Für einen schnellen Überblick, welche Netzwerkeinstellungen der Cluster zur Kommunikation mit dem Cluster Shared Volume (CSV) nutzt, starten Sie eine PowerShell-Sitzung auf dem Server und rufen das Cmdlet *Get-ClusterNetwork* auf.

Wie die meisten Einstellungen in Windows Server 2012 R2, können Sie auch Einstellungen bezüglich der Aktivierung der Livemigration in der PowerShell vornehmen. Dazu verwenden Sie der Reihe nach die folgenden Cmdlets:

Enable-VMMigration

Set-VMMigrationNetwork <IP-Adresse>

Set-VMHost -VirtualMachineMigrationAuthenticationType Kerberos

Dadurch wird die Livemigration generell aktiviert. Um die Livemigration für einen Server zu starten, verwenden Sie:

Move-VM <Virtueller Server> <Zielserver> -IncludeStorage -DestinationStoragePath <Lokaler Pfad auf dem Zielserver>

Sie können virtuelle Festplatten auch in der PowerShell mit den Cmdlets *Get-VMIdeController, Get-VMScsiController, Get-VMFibreChannelHba* und *Get-VMHardDiskDrive* abfragen.

Vor allem zur Automatisierung oder für Administratoren die lieber mit Befehlszeilenanweisungen arbeiten, bietet Microsoft, neben dem bekannten Befehl *Cluster* mit den verschiedenen Optionen, auch das Cmdlet *Get-Cluster*, mit dem Sie in der PowerShell Aufgaben der Clusterverwaltung durchführen.

Generell bietet das Cmdlet *Get-Cluster* (und weitere Cmdlets) in der PowerShell die gleichen Möglichkeiten, wie das Tool *Cluster* in der herkömmlichen Eingabeaufforderung. Damit Sie Failovercluster in der PowerShell verwenden können, müssen Sie nicht mehr das Modul für Failovercluster in der PowerShell laden. Module kann die PowerShell automatisch laden.

Aufgabe	Eingabeaufforderung	PowerShell
Clustereigenschaften anzeigen	*cluster /prop*	*Get-Cluster*
Cluster erstellen	*cluster /create*	*New-Cluster*
Cluster löschen	*cluster /destroy*	*Remove-Cluster*
Clusterknoten hinzufügen	*cluster /add*	*Add-ClusterNode*
Cluster herunterfahren	*cluster /shutdown*	*Stop-Cluster*
Clusterquorum verwalten	*cluster /quorum*	*Get-ClusterQuorum* *Set-ClusterQuorum*
Status von Clusterknoten	*cluster node /status*	*Get-ClusterNode |fl **
Clusterknoten anhalten	*cluster node /pause*	*Suspend-ClusterNode*
Clusterknoten fortsetzen	*cluster node /resume*	*Resume-ClusterNode*
Clusterknoten starten	*cluster node /start*	*Start-ClusterNode*
Clusterknoten stoppen	*cluster node /stop*	*Stop-ClusterNode*
Clusterknoten entfernen	*cluster node /evict*	*Remove-ClusterNode*
Clusterinformationen nach dem Löschen bereinigen	*cluster node /forcecleanup*	*Clear-Clusternode*
Clustergruppen anzeigen	*cluster group*	*Get-ClusterGroup*
Eigenschaften von Clustergruppen	*cluster group /prop*	*Get-ClusterGroup |fl **
Erstellen von Clustergruppen	*cluster group <Name> /create*	*Add-ClusterGroup* *Add-ClusterFileServerRole* *Add-ClusterPrintServerRole* *Add-ClusterVirtualMachineRole* Hilfe über: *Get-Help Add-Cluster*role*
Clustergruppe löschen	*cluster group <Name> /delete*	*Remove-ClusterGroup <Name>*

Clustergruppe online/offline schalten	cluster group <Name> /online /offline	Start-ClusterGroup <Name> Stop ClusterGroup <Name>
Clustgergruppe auf anderen Knoten verschieben	cluster group <Name> move	Move-ClusterGroup
Clusterressourcen anzeigen	cluster resource /prop	Get-ClusterResource |fl *
Erstellen/Löschen einer Clusterressource	cluster resource <Name> /create /delete	Add-ClusterResource Remove-ClusterResource
Clusterressource online/offline schalten	cluster resource <Name> /online /offline	Start-ClusterResource Stop-ClusterResource
Clusternetzwerk verwalten	cluster network /prop	Get-ClusterNetwork

Wollen Sie Hyper-V-Replica mit HTTP nutzen, aktivieren Sie die entsprechende Firewallregel mit *Enable-Netfirewallrule -displayname "Hyper-V Replica HTTP Listener (TCP-In)"* in der PowerShell.

Neue VM-Version in Windows 10 und Windows Server 2016 mit der PowerShell steuern

Die neuen Funktionen in Hyper-V von Windows 10 und Windows Server 2016 lassen nur dann nutzen, wenn Sie für VMs die neue Version 6.2 aktivieren. VMs, die mit Windows 10 erstellt werden, erhalten automatisch die Version 6.2, bei Migrationen von VMs zu Windows 10, wird die Version 5.0 beibehalten. Diese unterstützt nicht die neuen Snapshot-Funktionen und auch nicht die neuen binären Konfigurationsdateien

Die Version von VMs lassen Sie mit *„Get-VM * | Format-Table Name, Version"* anzeigen. Um eine VM auf Version 6.2 zu aktualisieren, verwenden Sie den Befehl *„Update-VmConfigurationVersion <Name der VM>"*. Die Änderung muss bestätigt werden. Außerdem ist die Änderung nur möglich, wenn die VM ausgeschaltet ist.

Die Integrationsdienste stehen auch für Rechner mit Windows 7/8/8.1 und Windows Server 2008 R2/2012 und Windows Server 2012 R2 zur Verfügung. Auch hier erfolgt die Aktualisierung über Windows-Update. Die Version der installierten Integrationsdienste lässt sich mit *get-vm |select Name, IntegrationServicesVersion* in Erfahrung bringen.

Unter manchen Umständen erscheinen nicht alle VMs in Hyper-V von Windows 10, wenn Sie einen Rechner von Windows 8.1 direkt zu Windows 10 aktualisieren. In diesem Fall speichern Sie in der PowerShell zunächst alle VMs, die gestartet sind mit
Get-VM | Where {$_.State -eq "Running"} | Save-VM
Nach der Aktualisierung der Hyper-V-Managers sollten alle VM wieder erscheinen.

Virtuelle Festplatten und mehr in der PowerShell verwalten

Neben den virtuellen Servern, können Sie auch die virtuellen Festplatten in Hyper-V verwalten. Hierzu spielen vor allem die Cmdlets G*et-VMIdeController, Get-VMScsiController, Get-VMFibreChannelHba* und *Get-VMHardDiskDrive* eine wichtige Rolle. Wie überall in der PowerShell haben Sie auch die Möglichkeit mit Pipelines zu arbeiten. Dazu rufen Sie zum Beispiel erst mit *get-vm* eine Liste der virtuellen Server ab und lassen sich dann die Speicherorte der virtuellen Festplatten anzeigen, zum Beispiel mit:

get-vm | Get-VMHardDiskDrive |fl VMName, Path

Alternativ verwenden Sie den Befehl *Get-VMHardDiskDrive (Get-VM)*. Haben Sie noch VHD-Dateien im Einsatz, können Sie diese in VHDX-Dateien umwandeln. Sie können zum Konvertieren den Hyper-

V-Manager nutzen, oder das CMDlet *convert-VHD*. Auf dem gleichen Weg konvertieren Sie auch von VHDX-Dateien zum VHD-Format. Im Rahmen der Umwandlung wählen Sie das Datenträgerformat aus und können auch zwischen dem Typ der Festplatten, also feste Größe oder dynamisch erweiterbar wechseln.

Das CMDlet *convert-vhd* steht auch zur Verfügung, wenn Sie Hyper-V in Windows 8/8.1/10 installiert haben. Die Syntax des Befehls ist:

Convert-VHD -Path <Pfad zur VHD(X)-Datei> -DestinationPath <Pfad zur Zieldatei>

Eine weitere Option ist die Möglichkeit den Typ der Festplatte zu ändern, zum Beispiel mit:

Convert-VHD -Path <Pfad der VHD/VHDX-Datei> -DestinationPath <Zielpfad und Datei> -VHDType Differencing -ParentPath <Übergeordnete Festplatte>

Ein weiteres Beispiel ist: *Convert-VHD -Path hd1.vhd -DestinationPath hd1.vhdx -VHDType Dynamic.* Alle Optionen des CMDlets finden Sie auf der Seite http://technet.microsoft.com/en-us/library/hh848454.asp. Neben der Möglichkeit das Format von Festplatten in der PowerShell umzuwandeln, können Sie auch die Größe von Festplatten in der PowerShell anpassen. Dabei hilft das CMDlet *Resize-VHD*, zum Beispiel*:*

Resize-VHD -Path c:\vm\owa.vhdx -SizeBytes 1TB

Virtuelle Festplatten lassen sich in der PowerShell auch direkt mit virtuellen Servern verbinden:

Add-VMHardDiskDrive -VMName <VM> -Path <VHDX-Datei>

Bei virtuellen SCSI-Controllern können Sie Laufwerke im laufenden Betrieb hinzufügen. Diesen Vorgang können Sie ebenfalls in der PowerShell vornehmen. Zunächst lassen Sie sich mit folgendem Befehl die SCSI-Controller der VM anzeigen:

Get-VMScsiController -VMname <Name der VM>

Um einem SCSI-Controller eine neue Festplatte hinzuzufügen, verwenden Sie anschließend folgenden Befehl:

Add-VMHardDiskDrive -VMname <Name der VM> -Path <Pfad zur VHDX-Datei> -ControllerType SCSI -ControllerNumber <Nummer>

Mit dem CMDlet *Add-VMScsiController* fügen Sie einem virtuellen Server einen virtuellen SCSI-Controller hinzu.

Natürlich können Sie virtuelle Festplatten auch direkt am Host anbinden, zum Beispiel um Daten auf die virtuelle Platte zu kopieren und diese erst dann dem virtuellen Server anzubinden: *mount-vhd <VHD-Datei>*. Mit dem CMDlet *unmount-vhd* trennen Sie die virtuelle Platte wieder vom System

Cluster Aware Update in Clustern mit Windows Server 2012 R2 nutzen und einrichten

Mit Windows Server 2012 hat Microsoft die Funktion Cluster Aware Update (CAU) eingeführt. Diese Technik erlaubt die Installation von Softwareupdates im laufenden Betrieb des Clusterdienstes. Die neue Technik erlaubt in Clustern eine Aktualisierung des Betriebssystems und Serveranwendungen, ohne dass Clusterdienste ausfallen. Dazu kann ein Cluster Ressourcen automatisiert auf andere Knoten auslagern, damit die beteiligten Server im Cluster aktualisiert werden können. Sinnvoll ist so ein Ansatz vor allem wenn es um Cluster mit Hyper-V geht.

Neben der Möglichkeit die Aktualisierung mit der PowerShell zu starten, können Sie CAU auch mit anderen CMDlets verwalten. Sie können in der PowerShell zum Beispiel die Einrichtung von CAU mit *Add-CauClusterRole* einrichten, oder einen Bericht mit *Export-CauReport* exportieren. Alle interessanten CMDlets, inklusive deren Hilfe, sehen Sie am schnellsten, wenn Sie *get-command - module ClusterAwareupdating* eingeben.

CAU bietet Exportoptionen über PowerShell und die Benutzeroberfläche. Die Befehle in der PowerShell sind meistens schneller zu erreichen:

Invoke-CauScan | ConvertTo-Xml

Get-CauReport | Export-CauReport

Remotedesktop und die PowerShell

Sie können Remotedesktopserver auch in der PowerShell verwalten. Um zum Beispiel alle Server in einer Sammlung anzuzeigen, verwenden Sie den Befehl *Get-RdServer*. Sie sehen über diesen Befehl auch die Rollen, die auf den Servern installiert sind. Um sich eine Liste der Befehle für die Verwaltung von den Remotedesktopdiensten in der PowerShell anzeigen zu lassen, verwenden Sie den Befehl *Get-Command *rd**.

Berechtigungen in Active Directory mit AD ACL Scanner dokumentieren

Vor allem in Unternehmen, bei denen mehrere Administratoren das Active Directory verwalten und ein komplexeres Berechtigungsmodell im Einsatz ist, kann es sinnvoll sein die Berechtigungen in Active Directory auszulesen und zu dokumentieren. Dazu gibt es das kostenlose Tool AD ACL-Scanner. Bei AD ACL Scanner handelt es sich um ein PowerShell-Skript mit einer grafischen Oberfläche, Sie müssen das Tool daher nicht installieren.

Mit AD ACL Scanner (https://adaclscan.codeplex.com)lesen Sie Berechtigungen detailliert aus. Ohne das Tool müssen Sie in Active Directory- Benutzer und -Computer in den Eigenschaften der einzelnen Objekte auf der Registerkarte *Sicherheit* erst manuell lesen, welche Rechte Benutzer oder andere Administratoren haben.

Interessant ist das Tool zum Beispiel, wenn Sie sicherstellen wollen, dass bestimmte Anwender oder Administratoren nicht über Rechte verfügen, die sie nicht mehr haben sollten. Ein weiteres Szenario ist die Überprüfung von Rechten abhängig der Organisationseinheit. Es kann zum Beispiel sein, dass bestimmte Anwender Rechte für falsche Bereiche der Domäne haben. Das können Sie mit AD ACL Scanner feststellen. Außerdem sehen Sie im Tool ob Benutzer mit delegierten Rechten unter Umständen zu viele Rechte erhalten haben.

Ebenfalls möglich ist das Auffinden von Redundanzen. Haben Sie Rechte an mehrere Gruppen erteilt, können Sie diese leichter vergleichen und unter Umständen Gruppen zusammenführen.

AD ACL Scanner erhalten Sie als PowerShell-Skript. Sie laden es von der genannten Seite und starten dann die PowerShell. Wechseln Sie in das Verzeichnis, in das Sie das Skript kopiert haben. Standardmäßig blockiert die PowerShell Skripts. Sie können die Ausführungsrichtlinie mit dem Cmdlet *Set-ExecutionPolicy* ändern und mit *Get-ExecutionPolicy* anzeigen. *Set-ExecutionPolicy Unrestricted* erlaubt alle Skripte. Diese Einstellung sollten Sie setzen. Sie müssen dazu die PowerShell aber über das Kontextmenü mit Administratorrechten starten.

Wenn Sie auf dem Server oder Computer nicht über umfassende Administratorrechte verfügen, können Sie die vorher genannten Einstellungen auch nur für Ihr Benutzerkonto ändern:

Set-ExecutionPolicy Unrestricted -Scope CurrentUser

Anschließend geben Sie in der PowerShell den Befehl *.\adaclscan<Version>.ps1* ein. Sie müssen sich dazu im Verzeichnis mit dem Tool befinden. Nachdem Sie den Befehl eingegeben haben, startet die grafische Oberfläche von AD ACL Scan.

Wenn das Tool gestartet ist, müssen Sie zunächst die Scanoptionen auswählen. Starten Sie das Tool auf einem Domänenmitglied, reicht es aus, wenn Sie auf *Connect* klicken. Anschließend verbindet sich das Tool mit den Rechten des Benutzers der es startet mit der Domäne und zeigt Daten an.

Klicken Sie dann im unteren Feld auf die OU oder Domäne, die Sie scannen wollen und klicken Sie danach *Run scan*. Anschließend liest das Tool schon die Rechte aus und zeigt Sie in einem Bericht an. Den Bericht können Sie in eine HTML-Datei exportieren oder ausdrucken.

Das Tool bietet im rechten Bereich die Möglichkeit die Ausgabe zu filtern. Dazu stehen zum Beispiel die Option *Skip Default Permissions* zur Verfügung. Außerdem können Sie nach der Verbindung mit der Domäne eine einzelne OU auswählen um nicht alle Rechte zu sehen.

Standardmäßig zeigt AD ACL Scanner nicht die Rechte für untergeordnete Organisationseinheiten an. Wollen Sie auch diese in den Bericht integrieren, müssen Sie die Option *One Level* in den Optionen deaktivieren. Wollen Sie feststellen, wann die Rechte gesetzt wurden, aktivieren Sie vor dem Scan die Option *Replication Metadata*.

Installieren der Active Directory-Binärdateien

Neben dem Server-Manager, können Sie die Binärdateien von Active Directory inklusive der Verwaltungstools auch in der PowerShell installieren. Dazu verwenden Sie den Befehl *Install-WindowsFeature -Name AD-Domain-Services -IncludeManagementTools*.

Alle Befehle, die für Active Directory zur Verfügung stehen, erhalten Sie über *Get-Command -Module ADDSDeployment* angezeigt. Hilfestellungen rufen Sie *Get-Help <Cmdlet>* ab.

Sie können die Einrichtung von Active Directory auch in der PowerShell auf einem Computer im Netzwerk durchführen. Dazu verwenden Sie den folgenden Cmdlet-Aufruf:

Invoke-Command {Install-ADDSDomainController -DomainName <Domäne> -Credential (Get-Credential) -ComputerName <Name des Servers>

Active Directory mit PowerShell installieren - Server Core als Domänencontroller

Auch Core-Server können Sie als Domänencontroller verwenden. Die Installation von Active Directory nehmen Sie über die PowerShell vor. Um Active Directory mit der PowerShell zu installieren, geben Sie in der Eingabeaufforderung zunächst *powershell* ein. Im ersten Schritt müssen Sie mit *Install-WindowsFeature AD-Domain-services -IncludeManagementTools* die Active Directory-Domänendienste auf dem Server installieren.

Um einen neuen Domänencontroller zu installieren, verwenden Sie das Cmdlet *Install-ADDSDomainController*. Damit der Befehl funktioniert geben Sie den Namen der Domäne, mit und konfigurieren das Kennwort für den Verzeichnisdienst-Wiederherstellungsmodus als SecureString. Dazu verwenden Sie folgenden Befehl:

Install-ADDSDomainController -DomainName <DNS-Name der Domäne> -
SafeModeAdministratorPassword (Read-Host -Prompt Kennwort -AsSecureString)

Der Befehl fragt nach dem Kennwort für den Verzeichnisdienst-Wiederherstellungsmodus und speichert dieses als sichere Zeichenfolge ab.

Sie können natürlich alle notwendigen Optionen für die Installation im Cmdlet angeben, zum Beispiel noch die Installation von DNS oder die Funktionsebene von Domäne und Gesamtstruktur. Dazu verwenden Sie zum Beispiel die Befehle:

-ForestMode <{Win2003 | Win2008 | Win2008R2 | Win2012}>

-DomainMode <{Win2003 | Win2008 | Win2008R2 | Win2012}>

-InstallDNS <{$false | $true}>

-SafeModeAdministratorPassword <secure string>

Eine neue Gesamtstruktur installieren Sie mit dem Cmdlet *Install-ADDSForest -Domainname <DNS-Name>*. Ein Beispiel für die Ausführung ist folgender Befehl:

Install-ADDSForest -DomainName corp.contoso.com -CreateDNSDelegation -DomainMode Win2008 -
ForestMode Win2008R2 -DatabasePath d:\NTDS -SYSVOLPath d:\SYSVOL -LogPath e:\Logs

Um eine neue Domäne im Betriebsmodus Windows Server 2012 in einer Gesamtstruktur zu installieren, verwenden Sie als Beispiel den Befehl:

Install-ADDSDomain -SafeModeAdministratorPassword -Credential (Get-Credential
corp\EnterpriseAdmin1) -NewDomainName child -ParentDomainName corp.contoso.com -InstallDNS
-CreateDNSDelegation -DomainMode Win2012 -ReplicationSourceDC DC1.corp.contoso.com -
SiteName Houston -DatabasePath d:\NTDS -SYSVOLPath d:\SYSVOL -LogPath e:\Logs -Confirm:$False

Um in dieser Domäne dann wiederum einen weiteren Domänencontroller zu installieren, verwenden Sie den Befehl

Install-ADDSDomainController -Credential (Get-Credential corp\administrator) -DomainName
corp.contoso.com

Ist der entsprechende Server bereits Mitglied der Domäne, und haben Sie sich mit einem Domänenadministrator angemeldet können Sie auch den Befehl *Install-ADDSDomainController -DomainName corp.contoso.com* verwenden. Ein weiteres Beispiel für die Installation eines neuen Domänencontrollers ist:

Install-ADDSDomainController -Credential (Get-Credential contoso\EnterpriseAdmin1) -
CreateDNSDelegation -DomainName corp.contoso.com -SiteName Boston -InstallationMediaPath
"c:\ADDS IFM" -DatabasePath "d:\NTDS" -SYSVOLPath "d:\SYSVOL" -LogPath "e:\Logs"

Sie können auch schreibgeschützte Domänencontroller in der PowerShell installieren. Ein Beispiel ist:

Add-ADDSReadOnlyDomainControllerAccount -DomainControllerAccountName RODC1-DomainName
corp.contoso.com -SiteName Boston DelegatedAdministratorAccountName joost

Um dann auf dem Server Active Directory zu installieren, verwenden Sie:

Install-WindowsFeature -Name AD-Domain-Services -IncludeManagementTools

Den Server stufen Sie dann mit dem folgenden Befehl zum Domänencontroller:

Install-ADDSDomainController -DomainName corp.contoso.com -SafeModeAdministratorPassword (Read-Host -Prompt "DSRM Password:" -AsSecureString) -Credential (Get-Credential Corp\joost) - UseExistingAccount

Active Directory-Objekte in der PowerShell erstellen und löschen

Um Active Directory-Objekte abzurufen, stellt Microsoft zahlreiche neue Cmdlets zur Verfügung. Eine Liste erhalten Sie über den Befehl *Get-Command Get-Ad**. Um neue Objekte zu erstellen, gibt es ebenfalls zahlreiche Cmdlets. Die Liste dazu erhalten Sie durch Eingabe von *Get-Command New-Ad**

Eine Liste mit Befehlen zum Löschen von Objekten zeigt die PowerShell mit *Get-Command Remove-Ad**.

Änderungen an Active Directory-Objekten nehmen Sie mit Set-Cmdlets vor. Eine Liste erhalten Sie über *Get-Command Set-Ad**.

Active Directory remote über die PowerShell verwalten

Damit Sie einen Server über die PowerShell remote verwalten können, müssen Sie die Remoteverwaltung auf dem Server aktivieren. Dazu geben Sie auf dem entsprechenden Server den Befehl *Enable-PSRemoting -Force* ein. Der Befehl aktiviert auch die Ausnahmen in der Windows-Firewall. Mit *Disable-PSRemoting -Force* können Sie die Remoteverwaltung eines Servers über die PowerShell wieder deaktivieren.

In Remote-PowerShell-Sitzungen verwenden Sie die gleichen Cmdlets wie auf den lokalen Servern. Allerdings erlauben nicht alle Cmdlets eine Remoteverwaltung. Sie sehen die kompatiblen Cmdlets am schnellsten, indem Sie überprüfen, ob das Cmdlet die Option *-ComputerName* unterstützt. Mit dem Befehl *Get-Help * -Parameter ComputerName* lassen Sie sich eine Liste aller dieser Cmdlets anzeigen.

Active Directory-Replikation und -Standorte in der PowerShell steuern

Eine Liste der verfügbaren Befehle zur Überprüfung der Replikation in Active Directory erhalten Sie durch Eingabe von *Get-Command *adreplication**. Um sich eine Hilfe zu den Cmdlets anzuzeigen, verwenden Sie *Get-Help <Cmdlet>*. Sie können AD-Standorte auch in der PowerShell erstellen. Dazu verwenden Sie den Befehl *New-ADReplicationSite <Standort>*.

Neue Standortverknüpfungen erstellen Sie auch in der PowerShell. Ein Beispiel dafür ist:

New-ADReplicationSiteLink CORPORATE-BRANCH1 -SitesIncluded CORPORATE,BRANCH1 - OtherAttributes @{'options'=1}

Die Kosten und den Zeitrahmen der Synchronisierung können Sie ebenfalls in der PowerShell festlegen:

Set-ADReplicationSiteLink CORPORATE-BRANCH1 -Cost 100 -ReplicationFrequencyInMinutes 15

Domänencontroller können Sie auch in der PowerShell an neue Standorte verschieben:

Get-ADDomainController <Name des Servers> | Move-ADDirectoryServer -Site <Name des Standorts>

Sie können die Replikationsverbindungen auch in der PowerShell anzeigen. Dazu verwenden Sie den Befehl *Get-ADReplicationConnection*.

Sie können sich in der PowerShell ausführliche Informationen zu den einzelnen Standorten anzeigen lassen. Dazu verwenden Sie den Befehl *Get-ADReplicationSite -Filter **.

Um sich nur den Namen anzeigen zu lassen, verwenden Sie *Get-ADReplicationSite -Filter * | ft Name*, eine Liste der Domänencontrollern und Standorten erhalten Sie mit *Get-ADDomainController -Filter * | ft Hostname,Site*.

Den Status der Replikation erfahren Sie ebenfalls in der PowerShell. Dazu verwenden Sie das Cmdlet *Get-ADReplicationUpToDatenessVectorTable <Name des Servers>*. Eine Liste aller Server erhalten Sie mit:

Get-ADReplicationUpToDatenessVectorTable * | Sort Partner,Server | ft Partner,Server,UsnFilter

Um die einzelnen Standorte und die Domänencontroller der Standorte anzuzeigen, verwenden Sie die beiden Cmdlets:

Get-ADReplicationSite -Filter * | ft Name

Get-ADDomainController -Filter * | ft Hostname,Site

Sie können die Replikationsverbindungen auch in der PowerShell anzeigen. Dazu verwenden Sie den Befehl *Get-ADReplicationConnection*.

Sie können sich in der PowerShell auch ausführliche Informationen zu den einzelnen Standorten anzeigen lassen. Dazu verwenden Sie den Befehl *Get-ADReplicationSite -Filter **. Weitere interessante Cmdlets in diesem Bereich sind:

Get-ADReplicationPartnerMetadata

Get-ADReplicationFailure

Get-ADReplicationQueueOperation

Active Directory Replication PowerShell Module 2.01

Administratoren, die sich mit Active Directory auseinandersetzen, sollten sich das Active Directory Replication PowerShell Module (http://gallery.technet.microsoft.com/780a2272-06f9-4895-827e-9f56bc9272c4) aus der TechNet herunterladen. In diesem Modul sind folgende CMDlets verfügbar:

- Get-ADDomain
- Get-ADForest
- Get-ADLastChanges
- Get-ADReplicationConnection
- Get-ADReplicationLink
- Get-ADReplicationMetadata
- Get-ADReplicationQueue
- Get-ADReplicationSchedule
- Get-ADSite
- Get-ADSiteLink

- Get-ADSubnet

- Invoke-KCC

- New-ADReplicationConnection

- New-ADSite

- New-ADSiteLink

- New-ADSubnet

- Remove-ADReplicationConnection

- Remove-ADSite

- Remove-ADSiteLink

- Remove-ADSubnet

- Reset-ADReplicationSchedule

- Set-ADReplicationSchedule

- Set-ADSite

- Set-ADSiteLink

- Set-ADSubnet

Actice Directory besser dokumentieren - auch mit der Powershell

Die Powershell bietet zahlreiche CMDlets, die beim Erstellen von Berichten oder dem Auslesen von Daten helfen können. Die Skripte von Carl Webster (http://carlwebster.com/where-to-get-copies-of-the-documentation-scripts) stellen Sammlung von Tools dar, mit denen Sie Active Directory effizienter auslesen und Berichte erstellen können. Sie können die Skripte entweder herunterladen und sofort ausführen, oder weiter bearbeiten. Der Download steht jeweils als PS1-Datei oder als TXT-Datei zur Verfügung.

Wollen Sie zum Beispiel einen Bericht über Active Directory erstellen, laden Sie sich das Skript ADDS_Inventory_V1_1.Signed.ps1 aus dem Internet und führen Sie es aus:

.\ADDS_Inventory_V1_1.Signed.ps1

Das Skript erstellt einen Bericht aus Active Directory und bindet diesen automatisch in Word ein. Damit es funktioniert, muss auf dem entsprechenden Rechner natürlich auch Word installiert sein.

Achten Sie beim Starten von Skripten in der Powershell immer auf das Präfix „.\".Sie können das Skript aber auch in der PowerShell ISE mit *Datei\Öffnen* aktivieren und starten. Geben Sie noch den Namen der Gesamtstruktur ein, aus der Sie Daten auslesen wollen.

Starten Sie das Tool von einer Arbeitsstation aus, müssen aber die Remoteserver-Verwaltungstools für Active Directory installiert sein. Diese können Sie direkt bei Microsoft herunterladen. Es gibt für Windows 7 und Windows 8.1 jeweils einen eigenen Satz der Verwaltungstools:

- Remoteserver-Verwaltungstools für Windows 7 mit Service Pack 1 (SP1) (http://www.microsoft.com/de-de/download/details.aspx?id=7887)

- Remoteserver-Verwaltungstools für Windows 8.1 (http://www.microsoft.com/de-de/download/details.aspx?id=39296)
- Remote Server Administration Tools for Windows 10 Technical Preview (http://www.microsoft.com/en-us/download/details.aspx?id=44280)

Starten Sie das Skript, liest es die Daten aus Active Directory aus, startet Word und fügt die Informationen automatisch ein. Das Dokument wird automatisch im Benutzerprofil-Verzeichnis des ausführenden Benutzers gespeichert.

Druckerverwaltung mit PowerShell und Befehlszeile

Mit dem CmdLet *Get-WmiObject* können Sie auch Druckerinformationen auslesen. Dazu verwenden Sie mit der vorher beschriebenen Syntax von *Get-WmiObject* folgende Erweiterungen:

Win32_Printer - Druckerwarteschlangen

Win32_PrintJob - Druckjobs

Win32_PrinterDriver - Alle Treiber, die installiert sind

Win32_TCPIPPrinterPort - IP-Ports

Win32_PrinterConfiguration - Druckerkonfiguration

Win32_PrinterSetting – Druckerinformationen zu allen Druckern

Win32_PrinterShare – Freigaben der Drucker

Win32_PrinterDriverDll – Installiere DLLs

Auf diesem Weg erhalten Sie also schnell wichtige Informationen zu den Druckern, Warteschlangen und den installierten Treibern und Konfigurationen. Wie mit vielen Befehlen über WMI können Sie auch Informationen von Rechnern im Netzwerk auslesen. Die installierten Drucker auf einem Druckserver können Sie zum Beispiel in einer Variable speichern und diese dann weiterverwenden, ausdrucken, oder auslesen:

$Printer = Get-WmiObject -Class Win32_Printer –ComputerName [Druckserver]

Sie können aber auch noch weitergehen und die Anzeige filtern lassen. Dazu verwenden Sie die Option Filter des CMDlets *get-WmiObject*. Auf diesem Weg lassen Sie sich nur die Druckwarteschlangen von bestimmten Druckern auf speziell festgelegten Servern anzeigen. Auch diese Informationen können Sie in einer Variablen speichern, wie zuvor gezeigt. Sie können die Ausgabe aber auch direkt in der PowerShell anzeigen:

Get-WmiObject -Class Win32_Printer –ComputerName [Druckserver] -Filter 'name = "[Druckername]"'

Sie können sich auch den Status zu allen oder einzelnen Druckern anzeigen lassen. Sie erhalten den Status als Zahl:

(Get-WmiObject Win32_Printer -Filter "Name='<Druckername>'").PrinterStatus

Folgende Druckerstatus sind möglich:

1 = Andere

2 = Unbekannt

3 = Bereit

4 = Druckt

5 = Wärmt auf

6 = Druckauftrag beendet

7 = Offline

Sie können die Ausgabe auch skripten um das Ergebnis schöner anzuzeigen, wenn Sie zum Beispiel alle Drucker eines Servers anzeigen wollen:

$printstatus = (Get-WmiObject Win32_Printer -Filter "Name='<Drucker>'").PrinterStatus

if ($printstatus = 1) {"Druckerstatus: Unbekannt"}

if ($printstatus = 2) {"Druckerstatus: Unbekannt"}

if ($printstatus = 3) {"Druckerstatus: Bereit"}

if ($printstatus = 4) {"Druckerstatus: Druckt"}

if ($printstatus = 5) {"Druckerstatus: Wärmt auf"}

if ($printstatus = 6) {"Druckerstatus: Druckauftrag beendet"}

if ($printstatus = 7) {"Druckerstatus: Offline"}

Viele Drucker liefern auf diesem Weg auch erweiterte Informationen, wenn zum Beispiel Fehler vorliegen. Auch hier erhalten Sie den Status wieder als Zahlencode:

Get-WmiObject Win32_Printer -Filter "Name='<Drucker>'").DetectedErrorState

0 = Unbekannt

1 = Anderer

2 = Kein Fehler, Drucker nicht verfügbar

3 = Wenig Papier

4 = Kein Papier

5 = Wenig Toner

6 = Kein Toner

7 = Klappe geöffnet

8 = Papierstau

9 = Offline

10 = Service

11 = Ausgabeschacht voll

Auch hier können Sie wieder ein Skript bauen und die Anzeige schöner formatieren, wie vorhergehend gezeigt. Neben der Möglichkeit Drucker auszulesen, können Sie aber auch Änderungen durchführen. SO besteht zum Beispiel die Möglichkeit den Namen eines Druckers in einer Variablen zu speichern und den Drucker in der PowerShell über WMI umzubenennen:

$Printer = Get-WmiObject -class win32_Printer –ComputerName [Druckserver] -Filter 'name = "[Druckername]"'

$Printer.name = "<Neuer Name>"

$Printer.put()

Um sich eine Liste der installierten Drucker anzuzeigen, verwenden Sie in der PowerShell ab jetzt das CMDlet Get-Printer. Sie erhalten hier ausführliche Informationen, auch zum Treiber und Status des Druckers. Wollen Sie zum Beispiel eine Liste anzeigen, die Standort, Name und Status anzeigt, verwenden Sie:

Get-Printer | fl Name, Location, PrinterStatus

Sie können aber auch Filter setzen. Wenn Sie zum Beispiel alle Drucker in einem bestimmten Standort anzeigen wollen und deren Status gleich mit, erweitern Sie den Befehl noch folgendermaßen:

Get-Printer | where Location -LIKE "Gebaeude1" | select Name, PrinterStatus | fl

Auf diesem Weg können Sie sich aber auch die Drucker anzeigen, die gerade offline sind, also nicht funktionieren:

Get-Printer | where PrinterStatus -LIKE "Offline | fl

Neben der Möglichkeit Informationen zu den Druckern anzuzeigen, können Sie aber auch Einstellungen anpassen. Dazu übergeben Sie einfach Informationen die das CMDlet Get-Printer ausgibt an das CMDLet Set-Printer.

*Get-Printer | where Name -LIKE "*Buha*" | Set-Printer -Location "Gebaeude1"*

Neben der Möglichkeit den Standort zu steuern, auch in Active Directory, können Sie natürlich auch Beschreibung und Namen der Drucker ändern. Dazu stehen die beiden Optionen *-Comment* für die Beschreibung und -Name für den Namen des Druckers zur Verfügung.

Sie können aber auch gezielt die Einstellungen von Druckern in der PowerShell anpassen. Dazu verwenden Sie das CMDlet *Set-PrinterConfiguration*. Beispiele sind zum Beispiel das Anpassen der Papiergröße von Druckaufträgen. Im Gegensatz zur grafischen Oberfläche können Sie auf diesem Weg zum Beispiel für alle Drucker auf einem Druckserver die Papiergröße auf einmal festlegen:

Get-Printer | Set-PrintConfiguration -PaperSize A4

Zusätzlich zu Set-PrinterConfiguration gibt es aber auch die Möglichkeit Informationen anzuzeigen. Dazu verwenden Sie das CMDlet Get-PrinterConfiguration. Auch dieses können Sie mit Get-Printer verknüpfen, um sich zum Beispiel die Papiergröße der Drucker auf dem Server anzuzeigen:

Get-Printer | Get-PrintConfiguration |ft PrinterName, PaperSize

Natürlich können Sie auch direkt auf die Druckaufträge der einzelnen Drucker zugreifen. So lassen sich die Aufträge anhalten, fortsetzen, löschen und mehr. Auf Wunsch können Sie auch für alle Drucker alle Aufträge anzeigen und diese sogar filtern lassen:

Get-Printer | Get-PrintJob | fl

Natürlich können Sie auch hier die einzelnen Spalten filtern, indem Sie diese nach */fl* oder */ft* in den Befehl schreiben. Wollen Sie Druckaufträge löschen, verwenden Sie das Cmdlet *Remove-PrintJob*. Auch hier haben Sie die Möglichkeit die Printjobs einzelner Drucker zu filtern und löschen zu lassen:

Remove-PrintJob –PrinterName „Samsung" –ID 1

Die PowerShell kann aber auch anzeigen welche Benutzer einen Druckjob gestartet haben. Auf Wunsch können Sie dann in der PowerShell bei allen Druckern im Unternehmen die Druckaufträge eines bestimmten Anwenders löschen lassen. Auch das geht in der PowerShell wesentlich schneller, als mit grafischen Werkzeugen:

Get-Printer | Get-PrintJob | where UserName -LIKE <Benutzername> | Remove-PrintJob

Zusätzlich zu der Möglichkeit Druckjobs anzuzeigen oder zu löschen, können Sie diese auch anhalten und fortsetzen. Auch hier stehen wieder die ganzen Möglichkeiten und Optionen der zuvor beschriebenen CMDlets zur Verfügung. *Suspend-PrintJob* hält Druckjobs an, mit Resume-PrintJobs starten Sie diese wieder.

Viele der hier vorgestellten Befehle funktionieren natürlich nicht nur lokal, sondern auch über das Netzwerk. Verwenden Sie zusätzlich die Option –ComputerName, verwalten Sie die Drucker auf allen Rechnern im Netzwerk, für die Sie Rechte haben. Nachfolgend finden Sie eine Liste aller neuen CMDlets in der PowerShell, mit denen Sie Drucker in der PowerShell verwalten:

Add-Printer – Fügt einen Drucker hinzu

Add-PrinterDriver – Installiert einen Druckertreiber

Add-PrinterPort – Installiert einen Druckerport

Get-PrintConfiguration – Zeit die Konfiguration eines Druckers an

Get-Printer – Zeigt Informationen zu Druckern an

Get-PrinterDriver – Zeigt die installierten Druckertreiber an

Get-PrinterPort – Zeigt die vorhandenen Druckerports an

Get-PrinterProperty – Zeigt die Eigenschaften der Drucker an

Get-PrintJob – Zeigt die Druckjobs an

Read-PrinterNfcTag – Zeigt Informationen eines Druckers von einem NFC-Tag an

Remove-Printer – Löscht Drucker

Remove-PrinterDriver – Löscht Drucker-Treiber

Remove-PrinterPort – Löscht Druckerports

Remove-PrintJob – Löscht Druckaufgaben

Rename-Printer – Benennt einen Drucker um

Restart-PrintJob – Startet einen Druckjob neu

Resume-PrintJob – Setzt einen Druckjob fort

Set-PrintConfiguration – Passt die Druckerkonfiguration an

Set-Printer – Passt Drucker an

Set-PrinterProperty – Passt die Druckereigenschaften an

Suspend-PrintJob – Hält einen Druckauftrag an

Write-PrinterNfcTag – Schreibt einen Drucker-NFC-Tag

Druckaufträge in der PowerShell erzeugen

Übergeben Sie die Ausgabe von Cmdlets mit der Option | *Out-Printer* an das Cmdlet *Out-Printer*, druckt die PowerShell die Ausgabe auf dem Standarddrucker aus. Den Drucker können Sie auch in Anführungszeichen und der Bezeichnung in der Druckersteuerung angeben.

Mit dem Cmdlet *Write-Warning* lassen sich eigene Warnungen in der PowerShell anzeigen. Write-Host schreibt Nachrichten. Beide sind farblich unterschiedlich formatiert. Farbzuweisungen lassen sich nur für Write-Host setzen. Die Farben konfigurieren Sie mit *–ForeGroundColor* und *–BackGroundColor* manuell. Folgende Werte sind möglich:

Black (Schwarz)

DarkBlue (Dunkelblau)

DarkGreen (Dunkelgrün)

DarkCyan (Dunkelzyan)

DarkRed (Dunkelrot)

DarkMagenta (Dunkelmagenta)

DarkYellow (Dunkelgelb)

Gray (Grau)

DarkGray (Dunkelgrau)

Blue (Blau)

Green (Grün)

Cyan (Zyan)

Red (Rot)

Magenta (Magentarot)

Yellow (Gelb)

White (Weiß)

Auch diese Warnungen und Informationen können Sie dann direkt mit Out-Printer drucken lassen. Sie haben auch die Möglichkeit direkt einen Text auf dem Drucker auszugeben. Dazu verwenden Sie den Befehl "<Beliebiger Text" | out-printer. Wollen Sie den Drucker ansteuern, zum Beispiel einen Drucker im Netzwerk verwenden, geben Sie folgenden Befehl ein:

"<Text>" | out-printer -name \\<Druckserver>\<Freigegebener Drucker>

Neben Texten können Sie auf diesem Weg auch Informationen ausdrucken, zum Beispiel eine Liste aller aktuell gestarteten Prozesse:

get-process | out-printer

Sie können auch den Inhalt von Textdateien direkt auf Druckern ausgeben:

get-content <Datei> | Out-Printer

PowerShell-Skripte für Active Directory

Administratoren die Aufgaben für Active Directory in der PowerShell automatisieren wollen, finden in der TechNet Gallery ebenfalls einige interessante Skripte. Sie können zum Beispiel über die PowerShell neue Benutzerkonten in Active Directory anlegen lassen und die entsprechenden Daten dazu aus einer Excel-Tabelle auslesen. Neue Benutzer anlegen, geht auch mit dem Modul Active Directory Module für die PowerShell. Dieses gehört zu den Standardverwaltungstools, wenn Sie Active Directory auf einem Server installieren. Das Modul ist auch Bestandteil der Remoteserver-Verwaltungstools auf Servern oder auf Arbeitsstationen mit Windows 7/8.1.

Das Standardmodul für die Verwaltung von Active Directory in der PowerShell kann allerdings keine Daten aus Excel auslesen, um Benutzer gleich mit den richtigen Daten in der korrekten Organisationseinheit oder Domäne anzulegen. Über die TechNet Gallery ist das aber ohne weiteres möglich.

Dazu verwenden Sie das Modul **Create Active Directory Users Based on Excel Input** (http://gallery.technet.microsoft.com/scriptcenter/PowerShell-Create-Active-7e6a3978). Der Download besteht aus einer CSV-Datei mit Beispielen, sowie einem PowerShell-Skript, welches Daten aus der Excel-Tabelle ausliest und die Benutzer anlegt. Geübte PowerShell-Entwickler können die Skriptedatei noch an eigene Wünsche anpassen.

Ein ebenfalls beliebtes Tool in diesem Bereich ist **Arposh New User Creation (ANUC),** auch mit dem Namen **Active Directory User Creation tool** bekannt. (http://gallery.technet.microsoft.com/scriptcenter/New-User-Creation-tool-14fa73cd). Das Tool ist allerdings nicht nur für das Erstellen von Benutzerkonten in der PowerShell sinnvoll, sondern bietet auch eine grafische Oberfläche.

Grundlage des Tools ist eine XML-Steuerungsdatei. Diese wird beim ersten Start erstellt und muss von Ihnen konfiguriert werden. Beim nächsten Start liest das Tool die Daten aus seiner XML-Datei ein und stellt eine grafische Oberfläche zur Verfügung. Auch mit Active Directory User Creation tool können Sie Benutzer über eine CSV-Datei in Active Directory anlegen.

Wollen Sie das genaue letzte Anmeldedatum eines Benutzerkontos auslesen, können Sie ebenfalls die PowerShell verwenden. Laden Sie sich dazu das Skript **Get Active Directory User Last Logon** (http://gallery.technet.microsoft.com/scriptcenter/Get-Active-Directory-User-bbcdd771) herunter. Damit Sie das Skript nutzen können, müssen Sie auch hier die Remoteserver-Verwaltungstools für Active Directory installiert haben.

Namensauflösung in der PowerShell testen

Ein wichtiger Befehl zur Auflösung von Rechnernamen ist *resolve-dnsname* (http://technet.microsoft.com/en-us/library/jj590781.aspx). Dieser steht allerdings nur ab Windows Server 2012 R2 und Windows 8.1 zur Verfügung.

Wollen Sie eine Namensauflösung für einen Server mit allen notwendigen Host-Einträgen, TTL und IP-Adressen durchführen, geben Sie *resolve-dnsname <Name des Rechners>* ein.

Resolve-DnsName -type all <DNS-Zone> zeigt wichtige Informationen zur eigentlichen DNS-Zone an.

Um den Namen eines Computers auf Basis der IP-Adresse aufzulösen, verwenden Sie *resolve-dnsname <IP-Adresse>*. Anschließend zeigt die PowerShell die gefundenen Rechner, sowie die dazugehörige Reverse-Lookup-Zone an.

Resolve-dnsname kann auch DNS-Namen über das Internet auflösen lassen, zum Beispiel mit *Resolve-DnsName www.google.de*. Wollen Sie nur die IPv4-Adressen anzeigen, nutzen Sie (*Resolve-DnsName www.google.de).ip4address*.

Wollen Sie auch Abfragen von DNS-Zonen über einen DNS-Server anzeigen, verwenden Sie zum Beispiel *Resolve-DnsName contoso.int -Server dc1.contoso.int*. Wer gerne mit Skripten arbeitet, und sich nur die IP-Adressen anzeigen lassen will, kann auch folgenden Befehl verwenden:

([system.net.dns]::GetHostEntry("dc1.contoso.int")).AddressList.IPAddressTostring

Mit dem CMDlet *test-dnsserver* können Sie die Verfügbarkeit und Funktion von einem oder mehreren DNS-Servern testen. Geben Sie in der Liste die IP-Adressen der DNS-Server ein, deren Verfügbarkeit Sie testen wollen. Danach erhalten Sie eine Zusammenfassung der wichtigen Informationen und sehen welche DNS-Server im Netzwerk verfügbar sind.

Sie können in der PowerShell auch überprüfen, welche Netzwerkverbindungen sich auf den DNS-Servern registrieren und ob das lokale Suffix des Rechners verwendet wird. Dazu nutzen Sie das CMDlet *get-dnsclient*. Wollen Sie anzeigen welche DNS-Server ein Client für die verschiedenen Netzwerkkarten verwendet, geben Sie *get-dnsclientserveraddress* ein.

Netzwerkeinstellungen in der PowerShell abfragen und anpassen

Die PowerShell verfügt über Cmdlets, um Netzwerkeinstellungen eines Computers zu steuern oder abzufragen, zum Beispiel *Get-NetIPAddress*. Durch Eingabe dieses Befehls erhalten Sie umfassende Informationen zu den Netzwerkeinstellungen und IP-Adressen eines Rechners. Sie sehen alle Daten zu den IPv4- und IPv6-Adressen eines Computers.

Um sich eine Liste aller Cmdlets anzuzeigen, mit denen sich Netzwerkeinstellungen festlegen lassen, hilft der Befehl *Get-Command -Noun Net**.

Wie Sie DNS-Einstellungen und -Server steuern, lassen Sie sich am besten mit *Get-Command -Noun Net** anzeigen. Wie bei allen Befehlen in der PowerShell, können Sie auch mit diesem umfassende Hilfen abrufen. Dazu verwenden Sie die Syntax *get-help <CMDlet>*. Mit der Option *-examples* zeigt die PowerShell Beispiele an.

Pingen in der PowerShell mit Test-Connection

Wenn Sie in der PowerShell Namensabfragen durchführen, können Sie auch gleich die Netzwerkverbindungen testen. Zwar können Sie weiterhin auch das Tool ping.exe nutzen, aber in der PowerShell finden Sie mit *Test-Connection* auch hier ein besseres Tool.

Test-Connection kann zum Beispiel mehrere Rechner einmal testen. Dazu geben Sie einfach den Befehl ein und danach eine Liste der Rechner, die Sie überprüfen wollen. Wollen Sie den Befehl in eine Zeile schreiben, zum Beispiel für Skripte, verwenden Sie die Syntax:

Test-Connection -Source <Quelle1>, <Quelle2> -ComputerName <Ziel1>, Ziel2>

Mit dem Befehl können Sie also auch auf einmal von mehreren Quell-Computern aus mehrere Ziel-Computer scannen lassen. Sie können aber auch nur einen Rechner testen, indem Sie *Test-Connection <Name oder IP-Adresse>* eingeben.

Rechner mit der PowerShell über das Netzwerk abfragen und steuern

Sie können viele Befehle und Einstellungen auch über das Netzwerk in der PowerShell auf einem anderen Rechner ausführen. Dazu öffnen Sie am besten die PowerShell Integrated Script Engine (ISE). Das geht am schnellsten, wenn Sie in einer PowerShell-Sitzung „ise" eingeben, oder nach dem Tool auf der Startseite von Windows Server 2012 R2 oder Windows 8.1 suchen. Über *Datei\Neue Remote-PowerShell-Registerkarte* können Sie eine PowerShell-Sitzung auf dem lokalen Rechner starten, die Befehle auf dem Remote-Rechner ausführt.

Anschließend geben Sie die IP-Adresse des Ziel-Rechners und die Anmeldedaten für die Remote-Sitzung ein. Anschließend öffnet sich die neue PowerShell-Registerkarte. Alle Befehle, die Sie hier eingeben, werden auf dem Remote-Computer ausgeführt. Damit Sie mit der PowerShell von einem Rechner auf den anderen zugreifen können, müssen Sie noch den Remotezugriff auf dem Ziel-Rechner aktivieren. Das können Sie auf dem Rechner zum Beispiel mit dem CMDlet *Enable-PSRemoting -force*.

Schreibgeschützte Domänencontroller (RODC)

Schreibgeschützte Domänencontroller installieren Sie auf Wunsch ebenfalls in der PowerShell. Sie können ein Konto für einen schreibgeschützten Domänencontroller auch in der PowerShell mit dem Cmdlet *Add-ADDSReadOnlyDomainControllerAccount* durchführen. Installieren Sie einen neuen schreibgeschützten Domänencontroller, können Sie ein bereits existierendes Konto verwenden. Ein Beispiel sieht folgendermaßen aus:

Import-Module ADDSDeployment

Install-ADDSDomainController `

-AllowPasswordReplicationAccountName @("CONTOSO\Zulässige RODC-Kennwortreplikationsgruppe") `

-NoGlobalCatalog:$false `

-Credential (Get-Credential) `

-CriticalReplicationOnly:$false `

-DatabasePath "C:\Windows\NTDS" `

-DelegatedAdministratorAccountName "CONTOSO\joost" `

-DenyPasswordReplicationAccountName @("VORDEFINIERT\Administratoren", "VORDEFINIERT\Server-Operatoren", "VORDEFINIERT\Sicherungs-Operatoren", "VORDEFINIERT\Konten-Operatoren", "CONTOSO\Abgelehnte RODC-Kennwortreplikationsgruppe")

-DomainName "contoso.int"

-InstallDns:$true

-LogPath "C:\Windows\NTDS"

-NoRebootOnCompletion:$false

-ReadOnlyReplica:$true

-SiteName "Erbach"

-SysvolPath "C:\Windows\SYSVOL"

-Force:$true

Test der Voraussetzungen zum Betrieb von Active Directory

In der PowerShell testen Sie Domänencontroller mit den Cmdlets *Test-ADDSDomainControllerInstallation, Test-ADDSDomainControllerUninstallation, Test-ADDSDomainInstallation, Test-ADDSForestInstallation* und *Test-ADDSReadOnlyDomainControllerAccountCreation*.

Das Cmdlet *Test-ADDSDomainControllerInstallation* (http://technet.microsoft.com/en-us/library/hh974725.aspx) ermöglicht das Testen der Voraussetzungen für die Installation eines Domänencontrollers. Die Voraussetzungen für schreibgeschützte Domänencontroller testen Sie mit *Test-ADDSReadOnlyDomainControllerAccountCreation* (http://technet.microsoft.com/en-us/library/hh974721).

Test-ADDSDomainControllerUninstallation (http://technet.microsoft.com/en-us/library/hh974716.aspx) testet die Voraussetzungen für die Deinstallation eines Domänencontrollers. Das Tool bereitet sozusagen die Ausführung des Cmdlets *Uninstall-ADDSDomainController* (http://technet.microsoft.com/en-us/library/hh974714) vor.

Mit *Test-ADDSDomainInstallation* testen Sie die Voraussetzungen für die Installation einer neuen Domäne in Active Directory, *Test-ADDSForestInstallation* testet das gleiche für eine neue Gesamtstruktur auf Basis von Windows Server 2012 R2. Damit Sie die Tests ausführen können, müssen Sie an verschiedenen Stellen noch Kennwörter eingeben. Diese akzeptiert das entsprechende Cmdlet aber nur als sichere Eingabe. Ein Beispiel für den Befehl ist:

Test-ADDSDomainControllerInstallation -DomainName <DNS-Name der Domäne> -SafeModeAdministratorPassword (Read-Host -Prompt Kennwort -AsSecureString)

Herabstufen eines Domänencontrollers

Um einen Domänencontroller herunterzustufen, verwenden Sie am besten die PowerShell und das Cmdlet *Uninstall-ADDSDomainController*. Sie müssen mindestens noch das lokale Kennwort des Administrators über den Befehl festlegen. Dieses müssen Sie als SecureString in der PowerShell definieren. Die Syntax dazu lautet:

Uninstall-ADDSDomainController -LocalAdministratorPassword (Read-Host -Prompt "Kennwort" - AsSecureString)

Mit *Get-Help Uninstall-ADDSDomainController* erhalten Sie mehr Informationen zu dem Befehl.

Wenn es sich bei dem Domänencontroller, den Sie herabstufen wollen, um einen globalen Katalog handelt, werden Sie darüber mit einer Meldung informiert. Mit der Option *-LastDomainControllerInDomain* können Sie auswählen, ob es sich bei diesem Domänencontroller um den letzten seiner Domäne handelt.

In diesem Fall würde nicht nur der Domänencontroller aus der Gesamtstruktur entfernt, sondern die ganze Domäne. Haben Sie Ihre Auswahl getroffen, beginnt der Assistent mit der Herabstufung des Domänencontrollers.

Sobald Active Directory vom Server entfernt wurde, können Sie diesen neu starten. Nach der Herabstufung eines Domänencontrollers wird dieser als Mitgliedsserver in die Domäne aufgenommen. Wenn auf dem Server Applikationen installiert waren, zum Beispiel Exchange, stehen diese nach dem Neustart weiterhin zur Verfügung.

Verwaltete Dienstkonten - Produktiver Einsatz

Sie legen verwaltete Dienstkonten über die PowerShell, genauer gesagt über das Active Directory-Modul der PowerShell mit dem Cmdlet *New-ADServiceAccount "Name Account"* an. Standardmäßig legt das Cmdlet in Windows Server 2012 R2 R2 ein neues gruppiertes verwaltetes Dienstkonto an.

Wollen Sie ein verwaltetes Dienstkonto nur für einen einzelnen Server anlegen, verwenden Sie zusätzlich die Option *-Standalone*. Eine vollständige Liste der Optionen finden Sie auf der Seite *http://technet.microsoft.com/en-us/library/hh852236.aspx*.

Bevor Sie gruppierte Konten anlegen, müssen Sie zunächst einen neuen Masterschlüssel für die Domäne erstellen:

Add-KdsRootKey -EffectiveImmediately

Standardmäßig dauert es ab diesem Moment 10 Stunden, bis Sie verwaltete Dienstkonten anlegen können. In Testumgebungen können Sie den Zeitraum mit dem folgenden Befehl umgehen:

Add-KdsRootKey -EffectiveTime ((Get-Date).addhours(-10))

Die Verwaltung der Managed Service Accounts findet ausschließlich in der PowerShell statt. Es gibt aber Zusatztools wie Managed Service Accounts GUI (http://www.cjwdev.co.uk/Software/MSAGUI/Info.html).

Die Freeware kann verwaltete Dienstkonten in Windows Server 2008 R2 verwalten, sowie die neuen Funktionen in Windows Server 2012/2012 R2.

Der Ablauf beim manuellen Anlegen in der PowerShell bei der Verwendung von Managed Service Accounts ist folgender:

Sie legen das verwaltete Dienstkonto in Active Directory an.

Sie verbinden das Konto mit einem Computerkonto, also dem SQL-Server. Auf dem Computer muss dazu Windows Server 2008 R2, Windows Server 2012/2012 R2 oder Windows 7/8/8.1/10 sowie SQL Server 2012/2014 installiert sein. Um ein Dienstkonto auf mehreren Servern zu nutzen, müssen Sie Domänencontroller mit Windows Server 2012/2012 R2 einsetzen.

Sie installieren das verwaltete Benutzerkonto auf dem Computer.

Sie passen die Systemdienste auf dem lokalen Computer an, um das neue Konto zu nutzen.

Zukünftig ändert sich das Kennwort für dieses Konto vollkommen automatisch, ohne dass Sie eingreifen müssen.

Die Befehlssyntax zum Anlegen eines Dienstkontos sieht folgendermaßen aus:

New-ADServiceAccount <Name> -DNSHostName <DNS-Name des Diensts> -
PrincipalsAllowedToRetrieveManagedPassword <Gruppe der Computer die das Konto nutzen> -
KerberosEncryptionType RC4, AES128, AES256 -ServicePrincipalNames <Service Principal Names>

Sie haben auch die Möglichkeit, die Computerkonten die das verwaltete Dienstkonto nutzen sollen in einer Gruppe aufzunehmen. So lässt sich zum Beispiel das Konto für eine Lastenausgleichsfarm verwenden. Sie können die Funktion aber nicht in Failoverclustern nutzen.

NIC-Teams in der PowerShell erstellen

Auch Core-Server unterstützen NIC-Teams in Windows Server 2012 R2. Hier können Sie die Einrichtung entweder über den Server-Manager von einem anderen Server aus durchführen, oder Sie verwenden die PowerShell.

In der PowerShell können Sie sich mit *Get-NetAdapter* die einzelnen möglichen Team-Adapter anzeigen lassen, und mit *Enable-NetAdapter* beziehungsweise *Disable-NetAdapter* einzelne Adapter aktivieren oder deaktivieren. Alle Cmdlets für die Verwaltung von NIC-Teams lassen Sie sich mit *Get-Command -Module NetLbfo* anzeigen. Eine Hilfeseite lässt sich zum Beispiel mit *Get-Help New-NetLbfoTeam* öffnen.

Um ein neues Team zu erstellen, verwenden Sie das Cmdlet *New-NetLbfoTeam <Name des Teams> <Kommagetrennte Liste der Netzwerkkarten>*. Bei Leerzeichen im Namen setzen Sie den gesamten Namen Anführungszeichen. Den Namen der Adapter erfahren Sie am schnellsten, wenn Sie *Get-NetAdapter* in der PowerShell eingeben. Haben Sie das Team erstellt, lassen Sie mit *Get-NetLbfoTeam* die Einstellungen anzeigen, und mit *Set-NetLbfoTeam* ändern Sie Einstellungen.

Beispiele für das Ändern sind folgende Befehle:

Set-NetLbfoTeam Team1 TeamingMode LACP

Set-NetLbfoTeam Team1 TM LACP

Set-NetLbfoTeam Team1 LoadBalancingAlgorithm HyperVPorts

Set-NetLbfoTeam Team1 LBA HyperVPorts

Teams können Sie auch umbenennen. Dazu verwenden Sie entweder den Server-Manager oder die PowerShell und den Befehl *Rename-NetLbfoTeam <Alter Name> <Neuer Name>*.

Sie können die interne Teamkonfiguration löschen. Dazu verwenden Sie die PowerShell und geben den Befehl *Get-NetLbfoTeam | Remove-NetLbfoTeam* ein.

Active Directory-Papierkorb verstehen und aktivieren

Sie können den Papierkorb ab Windows Server 2012 R2 im Active Directory-Verwaltungscenter aktivieren, aber auch weiterhin in der PowerShell. Der Befehl dazu am Beispiel der Domäne *contoso.com* lautet:

Enable-ADOptionalFeature -Identity 'CN=Recycle Bin Feature,CN=Optional Features,CN=Directory Service,CN=Windows NT,CN=Services,CN=Configuration,DC=contoso,DC=com' -Scope ForestOrConfigurationSet -Target 'contoso.com'

Sie können den Papierkorb nur dann aktivieren, wenn die Funktionsebene der Gesamtstruktur auf Windows Server 2008 R2 gesetzt ist. Haben Sie den Vorgang nicht bereits durchgeführt, können Sie das über die PowerShell mit dem folgenden Befehl erledigen:

Set-ADForestMode -Identity contoso.com -ForestMode Windows2008R2Forest -Confirm:$false

Sie können die Wiederherstellung von Objekten in der PowerShell durchführen. Dazu verwenden Sie den Befehl:

Get-ADObject -Filter {<Name des Objekts>} -IncludeDeletedObjects | Restore-ADObject

Wenn Sie zum Beispiel das Benutzerkonto mit dem Anzeigenamen „Thomas Joos" wiederherstellen wollen, geben Sie ein:

Get-ADObject -Filter {displayName -eq "Thomas Joos"} -IncludeDeletedObjects | Restore-ADObject

Handelt es sich bei dem Objekt, das Sie wiederherstellen wollen, um ein untergeordnetes Objekt, müssen Sie erst alle Objekte herstellen, die dem Objekt übergeordnet sind, wenn diese ebenfalls gelöscht wurden. Ansonsten bricht die Wiederherstellung untergeordneter Objekte mit einem Fehler ab. Mit dem folgenden Befehl lassen Sie sich gelöschte Objekte mit dem passenden Namen zunächst anzeigen:

Get-ADObject -Filter {displayName -eq "Thomas Joos"} -IncludeDeletedObjects

Haben Sie zum Beispiel eine OU mit Benutzerkonten gelöscht, müssen Sie erst die OU, dann die einzelnen Benutzerkonten wiederherstellen. Mit *Get-ADObject* zeigen Sie die Objekte an und übergeben diese per Pipeline-Zeichen (|) an das Cmdlet *Restore-ADObject*. Kennen Sie die ursprüngliche Hierarchie der Organisationseinheit nicht, müssen Sie mit dem Cmdlet *Get-ADObject* die Hierarchie erst wieder herausfiltern:

Get-ADObject -SearchBase "CN=Deleted Objects,DC=contoso,DC=com" -ldapFilter:"(msDs-lastKnownRDN=Thomas Joos)" -IncludeDeletedObjects -Properties lastKnownParent

Dieser Befehl gibt auch übergeordnete Objekte des gelöschten Objekts an.

Mit dem folgenden Befehl lassen Sie sich alle untergeordneten Objekte in der besagten OU anzeigen:

Get-ADObject -SearchBase "CN=Deleted Objects,DC=contoso,DC=com" -Filter {lastKnownParent -eq 'OU=Einkauf\\0ADEL:26e19d03-80db-4c9c-b7dd-e472193222e0,CN=Deleted Objects,DC=contoso,DC=com'} -IncludeDeletedObjects -Properties lastKnownParent | ft

Den Namen verwenden Sie aus der vorangegangenen Verwendung von:

Get-ADObject -SearchBase "CN=Deleted Objects,DC=contoso,DC=com" -ldapFilter:"(msDs-lastKnownRDN=Thomas Joos)" -IncludeDeletedObjects -Properties lastKnownParent

Sie müssen bei der Verwendung im Cmdlet *Get-ADObject* einen weiteren umgekehrten Schrägstrich im Namen verwenden. Sie müssen also zunächst die Organisationseinheit „Einkauf" wiederherstellen, bevor Sie das untergeordnete Objekt „Thomas Joos" wiederherstellen können.

Da alle bisherigen Untersuchungen mit dem *lastKnownParent*-Attribut durchgeführt wurden, das auf das direkt übergeordnete Objekt verweist, aber nicht angibt, ob das nächste übergeordnete Objekt ebenfalls gelöscht wurde, müssen Sie mit dem Wert *lastKnownParent* überprüfen, ob „Einkauf" nicht noch einer weiteren Organisationseinheit untergeordnet ist, die ebenfalls gelöscht wurde:

Get-ADObject -SearchBase "CN=Deleted Objects,DC=contoso,DC=com" -ldapFilter:"(msDs-lastKnownRDN=Einkauf)" -IncludeDeletedObjects -Properties lastKnownParent

Es reicht, wenn Sie die OU „Einkauf" wiederherstellen, um das Objekt „Thomas Joos" wiederherzustellen:

Get-ADObject -ldapFilter:"(msDS-LastKnownRDN=Einkauf)" -IncludeDeletedObjects | Restore-ADObject

Der Befehl gibt keine Ausgabe aus. Öffnen Sie das Snap-In Active Directory-Benutzer und -Computer und aktualisieren Sie die Ansicht mit (F5). Die OU muss jetzt wieder vorhanden sein.

Der Befehl stellt allerdings nur die OU wieder her, nicht die gelöschten Objekte innerhalb der OU. Diese müssen Sie manuell herstellen, zum Beispiel mit:

Get-ADObject -SearchBase "CN=Deleted Objects,DC=contoso,DC=com" -Filter {lastKnownParent -eq "OU=Einkauf,DC=contoso,DC=com"} -IncludeDeletedObjects | Restore-ADObject

Skripte in der PowerShell - Ein Einsteigerguide

Die PowerShell bietet für immer mehr Unternehmen ein effizientes Werkzeug zur Systemverwaltung. Neben der Möglichkeit schnell und einfach die verschiedenen Serverdienste mit den CMDlets zu verwalten, können Administratoren auch selbst Skripte schreiben oder vorgefertigte Skripte weiter verwenden und erweitern. Diese Skripte lassen sich entweder manuell ausführen, als Aufgabe hinterlegen oder auch als Anmeldeskripte für Benutzer in Active Directory verwenden.

Microsoft bietet für Administratoren, die sich mit Skripten auseinandersetzen wollen, auch eine Sammelstelle für Skripte und Informationen zur Verwendung. Die Skripte im Microsoft Script Center https://gallery.technet.microsoft.com/scriptcenter stehen kostenlos zur Verfügung

Notwendige Tools und Vorgehensweisen zum Skripten mit der PowerShell

Der einfachste Weg ein Skript zu schreiben ist es, wenn Sie die Befehle in einer Datei hintereinander auflisten. Sie können dazu herkömmliche Texteditoren verwenden, erweiterte Editoren wie NotePad++ https://notepad-plus-plus.org , oder die PowerShell Integrated Scripted Engine (ISE).

Die ISE gehört zum Installationsumfang der PowerShell. Die PowerShell rufen Sie über deren Verknüpfung auf, oder durch Eintippen von *powershell ise*. Die grafische Oberfläche bietet die Möglichkeit, Skripts für die Windows PowerShell in einer einheitlichen zentralen Oberfläche zu erstellen. In einer PowerShell-Sitzung starten Sie die grafische Oberfläche furch Eingabe von *ise*.

Darüber hinaus können Sie auch erweiterte Tools wie PowerGUI von Dell http://software.dell.com/products/powergui-freeware/ verwenden.

Skripte erhalten die Endung *.PS1. Um diese auszuführen, wechseln Sie in das Verzeichnis, in dem Sie das Skript gespeichert haben. Die Ausführung erfolgt immer mit der Syntax:

.\<Name des Skriptes>.ps1

Pipelines mit der PowerShell nutzen

Eine wichtige Funktion der PowerShell ist die Pipeline-Funktion. Diese erlaubt das Auslesen und verwenden eines CMDlets und die Übergabe des Ergebnisses in ein anderes CMDlet. In Skripten ist diese Verwendung besonders wichtig. Dazu rufen Sie zum Beispiel erst mit *get-vm* eine Liste der virtuellen Server auf einem Hyper-V Host ab und lassen sich dann die Speicherorte der virtuellen Festplatten dieser Server anzeigen, zum Beispiel mit:

get-vm | Get-VMHardDiskDrive |fl VMName, Path

Wie Sie am Befehl sehen, können Sie auch mit mehreren Pipelines (|) arbeiten und die Ausgabe auch noch mit |fl oder |ft filtern lassen. Alternativ verwenden Sie den Befehl *Get-VMHardDiskDrive (Get-VM)*. Sie können diese Befehle aber auch in Kombination mit Get- und Set-CMDlets verwenden. Ein Beispiel dafür ist das Zuweisen von Exchange-ActiveSync-Richtlinien in der PowerShell. Um eine Richtlinie allen Anwendern zuzuweisen, verwenden Sie den Befehl

Get-Mailbox | Set-CASMailbox -ActiveSyncMailboxPolicy(Get-ActiveSyncMailboxPolicy <Name der Richtlinie>).Identity

PowerShell-Skripte als Aufgaben hinterlegen

Erstellen Sie eine neue geplante Aufgabe in Windows, können Sie Skripte auch als Option hinterlegen. Dazu müssen Sie die PowerShell als ausführende Datei hinterlegen und anschließend noch die folgende Syntax:

Als *Aktion* legen Sie bei *Programm/Skript* den Befehl *powershell.exe* fest. Bei *Argumente hinzufügen* tragen Sie die folgende Zeile ein:

-Command „&`<Pfad in dem sich das Skript befindent>\<New-ExchangeReporter.ps1` -installpath `<Pfad in dem sich das Skript befindet>`

Konfiguration der Startseite/Startmenü in Windows 8.1/10 in der PowerShell exportieren und importieren - Startseitenlayout vorgeben

In Windows 8.1/10 können Sie mit dem Cmdlet *Export-StartLayout* in der PowerShell das Aussehen und die Konfiguration der Startseite und des Startmenüs in eine Datei exportieren. Sie können diese Funktion auch dazu nutzen auf lokalen Rechnern vorzugeben wie die Startseite oder das Startmenü in Windows 10 aussehen soll. Dazu passen Sie zunächst die Startseite an und exportieren diese als XML-Datei. Diese hinterlegen Sie bei den Anwendern dann als Standard-Seite. Auf diesem Weg können Sie entweder alle Apps von der Startseite entfernen, oder die Apps auf die Startseite integrieren, die Anwender nutzen sollen.

Die Verteilung ist auch über Gruppenrichtlinien mit Windows Server 2012 R2 möglich. Die Verwendung dieser Funktion ist zusammen mit Applocker und der Gruppenrichtlinie zum Sperren von Updates ideal. Denn mit diesen drei Werkzeugen können Sie genau festlegen, welche Apps verfügbar sein sollen, ob diese aktualisiert werden und wo diese auf dem Rechner erscheinen. Mit dem Befehl *Get-Help <Cmdlet>* erhalten Sie eine Hilfe zu dem neuen Cmdlet. DerUmgang ist allerdings nicht sehr kompliziert. Um das aktuelle Layout zu exportieren, geben Sie folgenden Befehl ein:

Export-StartLayout -path <Pfad zur XML-Datei> -As XML

Administratoren in Unternehmensnetzwerken können Veränderungen an der Startseite untersagen. Dazu gibt es ebenfalls in den Richtlinien von Windows 8.1 und Windows Server 2012 R2 die Option *Startseitenlayout*. Diese finden Sie in den Gruppenrichtlinien im Bereich *Benutzerkonfiguration/Administrative Vorlagen/Startmenü und Taskleiste*. In diesem Bereich können Sie die Layoutdatei hinterlegen, die Sie vorher mit dem neuen Cmdlet *Export-StartLayout* exportiert haben. Das funktioniert auch für lokale Rechner und lokale Richtlinien.

Variablen in der PowerShell verwenden

Durch die Möglichkeit, die Ausgabe eines CMDlets in einer Variablen zu speichern, und anschließend das Ergebnis an ein weiteres CMDlet weiterzugeben, können Sie sehr einfach verschachtelte Befehle in Skripten, ohne dass die Ausführung zu kompliziert wird.

Wollen Sie zum Beispiel das aktuelle Datum als Variable **$heute** speichern, können Sie in der Shell den Befehl *$heute = Get-Date* eingeben. Geben Sie in der Shell *$heute* ein, wird das aktuelle Datum ausgegeben. Variablen definieren Sie immer nach der Syntax:

$<Text>=<Wert oder Ausgabe eines CMDlets>

Sie können auch Anmeldedaten in Variablen speichern:

$cred = Get-Credential

Auf Basis dieser Anmeldedaten können Sie zum Beispiel eine PowerShell-Sitzung erstellen, die eine Verbindung zu Office 365 und zur Exchange-Verwaltungshell aufbaut:

$Session = New-PSSession -ConfigurationName Microsoft.Exchange -ConnectionUri https://ps.outlook.com/powershell -Credential $cred -Authentication Basic -AllowRedirection

Haben Sie diese Daten in der Variable gespeichert, importieren Sie diese mit:

import-PSSession $Session

Neben den Standardmöglichkeiten und -Befehlen der PowerShell, bietet Microsoft auch Erweiterungen und zusätzliche Befehle an, die sich in eigene Skripte integrieren lassen, oder mit denen Sie selbst Skripte erstellen können. Ein Beispiel dafür ist das „Windows Update PowerShell Module". Mit diesem installieren und verwalten Sie Windows-Updates in der PowerShell. Das Windows Update PowerShell Module http://gallery.technet.microsoft.com/scriptcenter/2d191bcd-3308-4edd-9de2-88dff796b0bc kann anzeigen, welche Aktualisierungen zur Verfügung stehen und verschiedene Skripte herunterladen, mit denen Sie Updateaufgaben durchführen können. Mit den Befehlen können Sie auch den Installationsstatus der Updates anzeigen. Auf der Downloadseite finden Sie einige Beispiele für den Umgang mit dem Skript.

Der Vorteil des Moduls besteht auch darin, dass Sie nur nur den lokalen Server oder die lokale Arbeitsstation verwalten können, sondern auch Rechner im Netzwerk. Dazu verwenden Sie bei den einzelnen CMDlets einfach noch die Option *-Computername*. Es besteht auch die Möglichkeit Aktualisierungen in einer Variablen zu speichern und die Patches automatisiert installieren lassen. Sinnvoll ist das zum Beispiel, wenn zur Sicherheit bestimmte Patches von Microsoft Knowledge-Base-Artikeln installiert werden sollen. Die Befehle sehen dann so aus:

$KBList = "KB890830","KB2533552","KB2539636"

Get-WUInstall -Type "Software" -KBArticleID $KBList -AcceptAll

Um Patches remote zu verwalten oder abzufragen, verwenden Sie als Beispiel die folgenden Befehle. Suchen Sie nach bestimmten Updates, speichern Sie diese zunächst in einer Variablen:

$Updates = "40336e0a-7b9b-45a0-89e9-9bd3ce0c3137","61bfe3ec-a1dc-4eab-9481-0d8fd7319ae8","0c737c40-b687-45bc-8deb-83db8209b258"

Danach überprüfen Sie mit einem weiteren Befehl, ob die Updates auf einem Server im Netzwerk installiert sind:

Get-WUList -MicrosoftUpdate -IsInstalled -Type "Software" -CategoryIDs "E6CF1350-C01B-414D-A61F-263D14D133B4" -UpdateID $UpdateIDs -RevisionNumber 101 -ComputerName G1 -Verbose

Datei-/Ordner-Berechtigungen in der PowerShell steuern und Ordner aufräumen

Viele Administratoren suchen auch Möglichkeiten um Berechtigungen für Dateien oder Verzeichnisse in der PowerShell zu steuern. Hierzu steht das **File System Security PowerShell Module** (https://ntfssecurity.codeplex.com) zur Verfügung. Mit diesem Zusatz-Modul können Sie Rechte von Verzeichnissen in der PowerShell steuern.

Das Modul laden Sie als ZIP-Datei herunter und entpacken Sie es. Stellen Sie sicher, dass alle Dateien des Moduls direkt im Stammverzeichnis *NTFSSecurity* gespeichert sind. Kopieren Sie dieses in das Verzeichnis *C:\Users\<Benutzername>\Documents\WindowsPowerShell\Modules* oder für den kompletten Rechner in *C:\Windows\system32\WindowsPowerShell\v1.0\Modules*. Wenn Sie die PowerShell starten, können Sie mit dem Befehl *Get-Module -ListAvailable* alle auf dem Rechner verfügbaren Module für die PowerShell anzeigen lassen. Hier muss auch das neue Modul erscheinen.

Mit dem Befehl *Get-Module -ListAvailable *ntf** lassen Sie sich nur das neu installierte Modul anzeigen. Um das Modul zur Verfügung zu stellen, verwenden Sie den Befehl *import-module ntfssecurity*. Alle CMDlets des Moduls lassen Sie sich mit *get-command -module „ntfssecurity"* anzeigen. Alle CMDlets sind dokumentiert. Sie können sich also die Hilfe mit dem Standard-CMDlet *get-help* anzeigen lassen. Verwenden Sie noch die Option *-examples* zeigen Sie Beispiel für die CMDlets an.

Neben diesen Funktionen, haben Sie auch die Möglichkeiten für Ordnung in Verzeichnissen zu sorgen, indem Sie die PowerShell und Skripte verwenden. Das Tool **Delete files older than x-days - Cleanup Script** (http://gallery.technet.microsoft.com/scriptcenter/Delete-files-older-than-x-13b29c09) kann Dateien in der Verzeichnissen löschen, die ein bestimmtes Lebensalter überschritten haben. Das ist zum Beispiel für temporäre Verzeichnisse für den Datenaustausch sinnvoll. Wenn Sie das Skript nicht immer manuell ausführen lassen wollen, haben Sie auch die Möglichkeit eine Aufgabe zu erstellen und das Skript regelmäßig zu starten. Beispiel dafür ist:

*.\deleteold.ps1 -FolderPath C:\Folder -FileAge 60 -LogFile H:\log.log -IncludePath .*images.* -RegExPath*

Produktschlüssel aus der PowerShell auslesen

Es gibt einige Tools im Internet, mit denen Sie den Produktschlüssel von Windows-Rechnern auslesen können. Ein bekanntes Beispiel dafür ist Produkey von Nirsoft (http://www.nirsoft.net/utils/product_cd_key_viewer.html).

In vielen Unternehmen ist es oft notwendig den Schlüssel über Skripte auslesen zu lassen, zum Beispiel um die Verteilung bestimmter Produktschlüssel zu überprüfen. Hierzu können Sie auch ein PowerShell-Skript verwenden, welches den Produktschlüssel von Windows auslesen kann. Dazu verwenden Sie das Skript *Get-ProductKey* (http://learn-powershell.net/2012/05/04/updating-an-existing-get-productkey-function). Das Tool hat gleichzeitig den Vorteil, dass Sie Daten von mehreren Computern im Netzwerk auslesen können, zum Beispiel mit:

Get-ProductKey -Coutername pc1, pc2, pc3

Datenbanken und Tabellen besser mit der PowerShell durchsuchen

Mit dem SQL-PowerShell-Abfrage **Search for a string in all tables of SQL Server Database** (http://gallery.technet.microsoft.com/scriptcenter/c0c57332-8624-48c0-b4c3-5b31fe641c58) können Sie in einer beliebigen Anzahl von Tabellen nach einem bestimmten String suchen lassen. Bei der Abfrage handelt es sich im Grunde genommen um eine einfache Stored Procedure. Sie können die einzelnen Tabelle als Variable hinterlegen, oder kommagetrennt in der Liste aufnehmen. Sie können das Skript auch für die aktuellen Versionen SQL Server 2012 SP1/2014 verwenden.

Exchange-Berichte aus der PowerShell auslesen

In der PowerShell können Sie auch Informationen für Ihre Exchange-Umgebung auslesen lassen. Dazu steht das Skript **Generate Exchange Environment Reports using Powershell** (http://gallery.technet.microsoft.com/office/Generate-Exchange-2388e7c9) in der TechNet Gallery zur Verfügung.

Standardmäßig wird das Skript allerdings geblockt. In der PowerShell 4.0 von Windows Server 2012 R2 ist die so genannte Ausführungsrichtlinie für Skripte standardmäßig auf *RemoteSigned* gesetzt. Die Ausführungsrichtlinie bestimmt, ob Skripts ausgeführt werden dürfen und ob diese digital signiert sein müssen. Standardmäßig blockiert die PowerShell Skripts in der PowerShell 3.0 von Windows Server 2012. In 4.0 sind die Skripte generell erlaubt, zumindest wenn sie signiert sind. Sie können die Ausführungsrichtlinie mit dem Cmdlet *Set-ExecutionPolicy* ändern und mit *Get-ExecutionPolicy* anzeigen. Dabei stehen folgende Einstellungen zur Verfügung:

- *Restricted* -- Standardeinstellung. Keine Skripts erlaubt.

- *AllSigned* -- Nur signierte Skripts sind erlaubt.

- *RemoteSigned* -- Bei dieser Einstellung müssen Sie Skripts durch eine Zertifizierungsstelle signieren lassen.

- *Unrestricted* -- Mit dieser Einstellung funktionieren alle Skripts.

Mehr zum Skript erfahren Sie auch auf der Seite des Entwicklers (http://www.stevieg.org/2011/06/exchange-environment-report). Die Syntax für die Ausführung ist:

.\Get-ExchangeEnvironmentReport -HTMLReport c:\report.html

Sie können den Bericht auch direkt aus der PowerShell heraus als E-Mail versenden lassen:

.\Get-ExchangeEnvironmentReport -HTMLReport c:\report.html -SendMail:$true -
MailFrom:<Absende-Adresse> -MailTo:<Empfänger-Adresse> -MailServer:<SMTP-Server>

Aus WIM-Dateien virtuelle Festplatten erstellen: Convert-WindowsImage.ps1 - WIM2VHD for Windows 8.1

Mit dem PowerShell-Skript *Convert-WindowsImage.ps1* (http://gallery.technet.microsoft.com/scriptcenter/Convert-WindowsImageps1-0fe23a8f)erstellen Sie ein Sysprep-vorbereitete VHDX-Datei für Rechner mit Windows 8/8.1. Das Skript spielt daher vor allem bei der Migration zu Windows 8.1 eine wichtige Rolle. Sie können es aber auch für Windows 7 und Windows Server 2008 R2/2012 und Windows Server 2012 R2 verwenden.

Haben Sie das Skript heruntergeladen, wechseln Sie in das Verzeichnis und geben den Befehl .\Convert-WindowsImage.ps1 -ShowUI ein. Anschließend startet die grafische Oberfläche des Tools. Hier müssen Sie folgende Daten eingeben:

- *Choose a Source* - Hier wählen Sie die ISO-Datei aus.

- *Choose a SKU from the list* - Hier wählen Sie die Edition aus.

- *Choose configuration options* - Hier steuern Sie die Optionen der virtuellen Festplatten die Umgebung. Verwenden Sie bei *VHD Format* die Option *VHDX*, bei *VHD Type* die Option *Dynamic* und legen Sie die Größe der virtuellen Festplatten fest. Achten Sie aber darauf, dass der Speicherplatz ausreicht.

- Klicken Sie danach auf *Make my VHD*. Das Tool erstellt jetzt die VHDX-Datei, die als Basis für die Testumgebung gilt.

ps-07

Mit einem PowerShell-Skript extrahieren Sie aus einer ISO-Datei mit Windows Server 2012 R2 eine VHDX-Datei als Testumgebung

SSD und HDD in der PowerShell korrekt konfigurieren

In manchen Umgebungen werden die SSD und die HDD nicht korrekt erkannt. Das ist zum Beispiel auch der Fall, wenn Sie die Konfiguration mit virtuellen Festplatten unter Hyper-V oder VMware vSphere/ESXi testen wollen. Ist das bei Ihnen der Fall, können Sie das in der PowerShell überprüfen und auch gleich korrigieren. Dazu nutzen Sie das CMDlet *Get-PhysicalDisk*. Ausführliche Informationen zeigen Sie mit *Get-PhysicalDisk |fl* oder *Get-PhysicalDisk |ft* an.

Wenn Sie SSD-Festplatten im Pool integrieren, müssen Sie darauf achten, dass diese auch als SSD erkannt werden. Sie sehen das im Assistenten zum Erstellen von Pools bei *Medientyp*. Wird hier Unbekannt angezeigt oder ein anderer fehlerhafter Wert, lassen sich die neuen Funktionen in Windows Server 2012 R2 nicht verwendet. Sie sollten daher vor der Erstellung des Speicherpools zunächst den Medientyp der Festplatten überprüfen. Dazu verwenden Sie den Befehl

Get-PhysicalDisk |fl FriendlyName, MediaType

Hier sehen Sie jetzt für welche Festplatte der Medientyp *SSD* festgelegt ist.

In der PowerShell können Sie sich den Medientyp von Festplatten anzeigen lassen. SSD müssen auch als SSD angezeigt werden, ansonsten können Sie die neuen Funktionen für Speicherpools in Windows Server 2012 R2 nicht nutzen

Mit dem CMDlet *Set-PhysicalDisk* können Sie den MediaTyp auf *HDD* oder *SSD* anpassen. Die nicht spezifizierten Festplatten lassen Sie auch mit *get-physicaldisk | ? MediaType -eq "Unspecified"* anzeigen. Das Ergebnis können Sie anschließend mit *Set-PhysicalDisk -MediaType HDD/SSD* anpassen. Dazu können Sie das Ergebnis des ersten Befehls an den zweiten Befehl übergeben und sich danach gleich das Ergebnis anzeigen lassen:

get-physicaldisk | ? MediaType -eq "Unspecified" | Set-PhysicalDisk -MediaType HDD

Get-PhysicalDisk |fl FriendlyName, MediaType

48

Die Einstellungen lassen sich aber auch nachträglich vornehmen, wenn Sie den Speicherpool erstellt haben. In diesem Fall erstellen Sie den Pool am einfachsten in der PowerShell. Dazu lassen Sie sich zunächst alle Festplatten anzeigen, die sich zu einem Pool zusammenfassen lassen:

Get-PhysicalDisk | Where-Object {$_.CanPool -eq $True }

Passt die Auflistung dieser Festplatten, dann speichern Sie diese in einer Variablen:

$pool = Get-PhysicalDisk | Where-Object {$_.CanPool -eq $True }

Danach erstellen Sie auf Basis der Variablen einen neuen Speicherpool:

*New-StoragePool -StorageSubSystemFriendlyName *Spaces* -FriendlyName Pool -PhysicalDisks $pool*

Nach einigen Sekunden wird der Status des Pools angezeigt, und Sie können sich an die Konfiguration der Storage Tiers machen. Wir gehen in diesem Beispiel davon aus, dass es sich bei den Festplatten 1-3 um SSD handelt und bei den Festplatten 4-6 um langsamere HDD. Diese Konfiguration können Sie auch auf virtuellen Servern sehr einfach mit sechs virtuellen Festplatten nutzen. So können Sie die Konfiguration der Möglichkeiten schon im Vorfeld testen. Zunächst weisen Sie den Festplatten über die PowerShell den entsprechenden Medientyp zu:

Set-PhysicalDisk PhysicalDisk1 -MediaType SSD

Set-PhysicalDisk PhysicalDisk2 -MediaType SSD

Set-PhysicalDisk PhysicalDisk3 -MediaType SSD

Set-PhysicalDisk PhysicalDisk4 -MediaType HDD

Set-PhysicalDisk PhysicalDisk5 -MediaType HDD

Set-PhysicalDisk PhysicalDisk6 -MediaType HDD

Anschließend können Sie mit *Get-PhysicalDisk |fl FriendlyName, MediaType* die Zuordnung überprüfen.

Storage Tiers in der PowerShell steuern

Nachdem Sie Storage Spaces erstellen haben, können Sie in der PowerShell einen Storage Tier für SSD und einen Storage Tier für HDD erstellen. Die Befehle dazu lauten wie folgt:

New-StorageTier -StoragePoolFriendlyName Pool -FriendlyName SSD-Storage -MediaType SSD

New-StorageTier -StoragePoolFriendlyName Pool -FriendlyName HDD-Storage -MediaType HDD

Die Umsetzung können Sie mit dem folgenden Befehl testen:

Get-StoragePool -FriendlyName Pool | Get-StorageTier

Im Anschluss können Sie Dateien festlegen, die immer auf dem schnellen Storage Tier gespeichert werden:

Set-FileStorageTier -FilePath "<Verzeichnis und Dateiname>" -DesiredStorageTier $Storage

Windows 8/8.1/10-Leistungsmessung in der PowerShell

Sie können über die Windows-PowerShell die Daten zur Leistung von Computern anzeigen lassen. Dazu starten Sie in der Eingabeaufforderung zunächst die Messung mit *winsat formal* oder *winsat prepop*. Im unteren Bereich sehen Sie auch die Schreib-/Lesegeschwindigkeit der SSD. So lässt sich die Leistung recht schnell ermitteln.

Danach zeigen Sie in der PowerShell mit *Get-WmiObject -Class Win32_WinSAT* das Ergebnis an. Sie können die PowerShell auch direkt über die Eingabeaufforderung mit dem Befehl powershell starten. Die Leistungsmessung bietet Informationen über folgende Bereiche:

CPUScore -- Prozessor

D3DScore -- Grafik (DirectX)

DiskScore -- Festplatten

GraphicsScore -- Grafik generell

MemoryScore -- Arbeitsspeicher

WinSPRLevel -- Gesamtbewertung des Rechners

Die Werte sollten nicht zu stark auseinanderliegen und die Festplatten sollten mindestens den Wert 8 erreichen, wenn Sie eine SSD einsetzen.

Die Überwachung in SharePoint 2010/2013 mit der PowerShell steuern

Die Überwachung, und die dazugehörigen Aufträge können Sie in SharePoint 2010/2013 in der Zentraladministration steuern, aber auch in der SharePoint-VerwaltungsShell. Auch das Auslesen von In-formationen ist möglich. Um Zeitgeberaufträge der Überwachung zu steuern, verwenden Sie folgendes CMDlet:

Set-SPTimerJob [-Identity <Name des Auftrags>] [-Schedule <Einstellungen des Zeitplans>]

Geben Sie die Option *Identity* nicht an, ändern Sie die Einstellungen aller Aufträge. Sie können auch eine Liste aller Zeitgeberaufträge anzeigen:

Get-SPTimerJob | Format-Table -property id,title

Mit der Option *Schedule*, geben Sie den Zeitplan an. Dieser kann zum Beispiel folgende Werte enthalten:

every <1-60> seconds

every <1-60> minutes at <1-60>

every <1-60> minutes between <1-60> and <1-60>

hourly between <1-59> minutes past the hour and <1-59> minutes past the hour

daily between starting from <hh:mm:ss> and starting no later than <hh:mm:ss>

weekly between starting on <day of the week hh:mm:ss> and starting no later than <day of the week hh:mm:ss>

monthly between starting on < day number hh:mm:ss> and starting no later than < day number hh:mm:ss>

monthly by <hh:mm:ss> on <week number> <day of week>

Sie können sich Beispiele anzeigen, wenn Sie den folgenden Befehl eingeben:

Get-SPTimerJob | Format-Table -property id,title,schedule

Sie können auch die Verwendungsdatenerfassung über die SharePoint-Verwaltungsshell anpassen:

Set-SPUsageService [-LoggingEnabled {1 | 0}] [-UsageLogLocation <Pfad>] [-UsageLogMaxSpaceGB <1-20>] [-Verbose]

Sie müssen für *UsageLogLocation* einen Pfad verwenden, der auf allen Farmservern vorhanden ist.

Anzeigen von Diagnoseprotokollen in der PowerShell

Mit den Daten aus den ULS-Protokollen (Universal Logging System), können Sie Probleme in der Farm erkennen und beheben. Sie können die protokollier-ten Einträge in der SharePoint-Verwaltungsshell filtern, auf unterschiedliche Weise anzeigen, sortieren, gruppieren und zu Excel exportieren. Verwenden Sie dazu das CMDlet *Get-SPLogEvent*. Die Syntax zur Filterung ist:

Get-SPLogEvent | Where-Object {$_.Level -eq [In-formation | Warning | Error | Critical | Verbose | Unexpected | Monitorable | High | Medium]} |fl

Suchen Sie nach einer bestimmten Meldung, verwenden Sie:

Get-SPLogEvent | Where-Object {$_.Message -like "<Zeichenfolge der Ereignismeldung>*"}*

Get-SPLogEvent | Where-Object {$_.Area -eq "SharePoint Foundation"} | Out-GridView zeigt eine Tabelle an.

Get-SPLogEvent | Out-GridView ist der einfachste Weg um alle Einträge in der einer Tabelle anzuzeigen. Kopieren Sie die Spalten, die Sie in Excel verwenden wollen, und fügen Sie diese in Excel ein.

Mit der PowerShell und WMI Daten von Computern auslesen

Um sich einen Überblick über einen Computer zu verschaffen, können Sie WMI zusammen mit der PowerShell nutzen. Microsoft stellt dazu CMDlets zur Verfügung, mit denen Sie Festplatten abfragen können.

Wollen Sie ausführliche Informationen zu Festplatten auslesen, sind WMI-Objekte geeignet. In der PowerShell steht dazu das CMDlet *Get-WmiObject* zur Verfügung. Verwenden Sie die Option *Win32_LogicalDisk* rufen Sie speziell Informationen von Festplatten mit WMI ab.

Wollen Sie nur Daten der lokalen Festplatten anzeigen, verwenden Sie den Befehl *Get-WmiObject Win32_LogicalDisk -filter "Drive-Type=3"*. Die Anzeigen können Sie aber noch weiter filtern, um mehr Informationen anzeigen zu können:

Get-WmiObject Win32_LogicalDisk -filter "Drive-Type=3" -computer . | Select SystemNa-me,DeviceID,VolumeName, freespace.

Mit dem folgenden CMDlet lassen Sie sich alle WMI-Objekte anzeigen, die Sie mit dem CMDlet *Get-WmiObject* nutzen können:

*gwmi -list | where {$_.name -like "*disk*"}*

In der PowerShell können Sie per WMI aber auch anderen Informationen auslesen. So besteht die Möglichkeit das installierte Betriebssystem anzuzeigen und wann das Betriebssystem installiert wurde. Da dieser Befehl auch noch mit Windows 10 funktioniert, spielt er bei Migrationen von Vorversionen eine besondere Rolle:

Mit dem Befehl get-wmiobject win32_operatingsystem | select @{Name="Installed"; Expression={$_.ConvertToDateTime($_.InstallDate)}}, Caption

Sie können an dieser Stelle aber weitere wichtige Informationen auslesen, die bei der Migration, zum Beispiel zu Windows 10 eine besondere Rolle spielen:

Get-WmiObject -Class Win32_ComputerSystem -ComputerName . | Select-Object -Property SystemType

Get-WmiObject -Class Win32_ComputerSystem

Natürlich lassen sich auf diesem Weg auch Informationen zur Netzwerkverbindung und zu den Netzwerkadaptern anzeigen:

Get-WmiObject Win32_Networkadapter

Get-Netadapter

Windows Defender in Windows Server 2016 steuern

Windows Defender, der Standard-Virenschutz in Windows 8/8.1/10 ist standardmäßig auch in Windows Server 2016 aktiv ist. Solange Sie auf einem neuen Server mit Windows Server 2016 keinen Virenschutz installieren, schützt dieses Tool den Server bereits während der Installation recht zuverlässig vor Viren.

Den Status des Schutzes sehen Sie in der Befehlszeile durch den Befehl *sc query Windefend*. Auf dem Server finden Sie im Verzeichnis C:\Program Files\Windows Defender Befehlszeilentools von Windows Defender, zum Beispiel *MPCMDRun.exe*. Die grafische Oberfläche für das Tool ist nicht installiert. Sie können aber auch dieses mit dem Server-Manager installieren.

Auf diesem Weg deinstallieren Sie auf Wunsch auch den Windows-Defender. Das ist allerdings selten notwendig, da er durch die Installation einer Windows-Server-Antivirenlösung ohnehin automatisch deaktiviert wird. Wollen Sie den Echtzeitschutz in Windows Server 2016 zeitweise deaktivieren, verwenden Sie die PowerShell und den Befehl:

Set-MpPreference -DisableRealtimeMonitoring $true

Um die Funktion wieder zu aktivieren, verwenden Sie:

Set-MpPreference -DisableRealtimeMonitoring $false

Office 365 und Microsoft Azure-Dienste mit der PowerShell verwalten

Um Office 365 und Microsoft Azure zu verwalten, müssen Sie zusätzliche Module herunterladen und auf dem Server installieren:

Microsoft Online Services-Anmelde-Assistent (http://www.microsoft.com/de-de/download/details.aspx?id=41950)

Windows Azure Active Directory-Modul für Windows PowerShell (32-Bit-Version) (http://go.microsoft.com/fwlink/p/?linkid=236298)

Windows Azure Active Directory-Modul für Windows PowerShell (64-Bit-Version) (http://go.microsoft.com/fwlink/p/?linkid=236297)

Nachdem Sie die Erweiterungen installiert haben, können Sie sich in der PowerShell zunächst mit Ihrem Office 365-Konto verbinden. Dazu verwenden Sie das CMDlet *Connect-MsolService*. Findet die Powershell das Modul nicht, lassen Sie es mit *Import-Module MSOnline* laden. Im Fenster authentifizieren Sie sich mit einem Administrator-Benutzer. Mit dem CMDlet *get-command *msol** lassen Sie sich die einzelnen CMDlets anzeigen.

Gelingt die Anmeldung an Office 365 nicht, liegt es in den meisten Fällen an Problemen mit dem Microsoft Online Services-Anmelde-Assistent. Installieren Sie in diesem Fall entweder die aktuellste Beta-Version, oder verwenden Sie die aktuellste offizielle Version von der Office365-Seite. Achten Sie bei der Installation auch auf die korrekte Sprache. Beide Versionen können Sie nicht parallel auf einem Rechner betreiben, sondern Sie müssen die andere Version immer deinstallieren (*appwiz.cpl*), bevor Sie den Nachfolger installieren. Häufig hilft es auch, wenn Sie den Registrywert *MSOIDCRLVersion* auf den Wert 7.250.4551.0 setzen. Diesen finden Sie bei folgendem Schlüssel:

[HKEY_LOCAL_MACHINE\SOFTWARE\Microsoft\MSOIdentityCRL

Get-MSOLDomain zeigt die Domänen an, die Sie in Ihrem Office 365-Abonnement verwenden. Sie sehen hier auch den Status der Domäne. *Get-MSOLDomainVerificationDNS* fragt Daten zur Domäne

Sie können Domänen über die PowerShell entfernen und die Standarddomäne festlegen:

Set-MsolDomain -Name contoso.onmicrosoft.com -IsDefault

Sobald Sie die Standarddomäne geändert habe, können Sie nicht mehr benötigte Domänen löschen:

Remove-MsolDomain -DomainName contoso.com

Alle verfügbaren Rollen für den Zugriff in Ihrem Office 365-Abonnement lassen Sie sich in der PowerShell mit *Get-MsolRole* anzeigen. Achten Sie darauf, dass die Benutzerrolle Benutzerverwaltungsadministrator weitere Rechte für die Benutzerverwaltung hat, zum Beispiel das Zurücksetzen von Kennwörtern. *Get-MsolUser* zeigt Informationen Ihrer Benutzer an.

Um zum Beispiel die lizenzierten Benutzer anzuzeigen, verwenden Sie den Befehl *get-msoluser |ft UserPrincipalname, Displayname, *lic**. Mit der Option *-Autosize*, wird die Tabelle an das Fenster angepasst.

Um die Lizenzen eines bestimmten Benutzers zu verwalten, verwenden Sie:

get-msoluser -userprincipalname "<UPN>" | select licenses, islicensed | fl

Sie können auch Lizenzen direkt zuweisen:

set-msoluserlicense -userprincipalname "<UPN>" -addlicenses "<Name der Lizenz>"

Eine ausführliche Liste zu den Möglichkeiten von *Set-MsoUserLicense* finden Sie in der Technet (http://technet.microsoft.com/en-us/library/dn194094.aspx).

Neben den bereits erwähnten CMDlets, gibt es weitere Befehle, mit denen Sie Benutzer in Office 365 anlegen, verwalten oder löschen können. Die wichtigsten in diesem Bereich sind:

New-MsolUser -- Erstellen eines neuen Benutzers. Um zum Beispiel einen neuen Benutzer anzulegen, verwenden Sie *New-MsolUser -UserPrincipalName "<E-Mail-Adresse" -DisplayName "Anzeigename"*. Das Kennwort erstellt das CMDlet.

Remove-MsolUser -- Das Cmdlet löscht den Benutzer und gibt die zugewiesenen Lizenzen frei. Das Postfach lässt sich auf diesem Weg noch 30 Tage lang anmelden.

Restore-MsolUser -- Der ursprüngliche Status des Benutzers wird wiederhergestellt. Das funktioniert bis zu 30 Tage nach der Lösung.

Set-MsolUser -- Anpassen eines Benutzers und Ändern dessen Einstellungen.

Set-MsolUserPassword -- Ändern des Kennwortes eines Benutzers

Alle CMDlets zum Verwalten von Benutzern sehen Sie mit *get-command *msoluser**. Gruppen können Sie in Office 365 auch mit der Powershell verwalten. Die entsprechenden Befehle sehen Sie mit *get-command *msolgroup**

Office 365-Gruppen in der PowerShell anlegen, verwalten und konfigurieren

Sie haben die Möglichkeit Gruppen in Office 365 über die PowerShell anzulegen. Dazu benötigen Sie auf dem Rechner das PowerShell-Modul für die Verwaltung von Windows Azure. Mit diesem können Sie auch Office 365 verwalten. Sie müssen dazu folgende Erweiterungen installieren:

- Microsoft Online Services-Anmelde-Assistent für IT-Experten RTW - http://www.microsoft.com/de-de/download/details.aspx?id=41950

- Windows Azure Active Directory-Modul für Windows PowerShell (32-Bit-Version) (http://go.microsoft.com/fwlink/p/?linkid=236298)

- Windows Azure Active Directory-Modul für Windows PowerShell (64-Bit-Version) (http://go.microsoft.com/fwlink/p/?linkid=236297)

Achten Sie darauf, dass die Versionen der Programme zueinander passen müssen. Erhalten Sie Fehlermeldungen, dass eine bestimmte Version nicht funktioniert, deinstallieren Sie diese und suchen die neuere Version. Nachdem Sie die Erweiterungen installiert haben, starten Sie *Windows Azure Active Directory-Modul für Windows PowerShell* und geben den Befehl *connect-msolservice* ein. Danach erscheint an Anmeldefenster. Hier geben Sie jetzt die Anmeldedaten zu Office 365 ein. Anschließend werden Sie mit Ihrem Office 365-Abonnement verbunden.

Alle zur Verfügung stehenden Befehle sehen Sie mit *get-command *msol**. Die Befehle zur Steuerung von Gruppen sehen Sie mit *get-command *Msolgroup**.

Der Befehl *get-msolgroup* zeigt alle angelegten Gruppen in Office 365 an, mit *get-msolgroup |fl* erhalten Sie umfassendere Informationen. Mit *new-msolgroup* legen Sie eine neue Gruppe an. Eine genaue Syntax erhalten Sie bei allen CMDlets durch die Eingabe von *get-help <CMDlet>*. Noch mehr hilft die Anzeige von Beispiel mit dem Befehl. Dazu verwenden Sie *get-help <CMDlet> - examples*. Um zum Beispiel die neue Gruppe „Vertrieb" anzulegen, geben Sie den folgenden Befehl ein.

new-msolgroup -DisplayName „Vertrieb" -Description „Mitarbeiter des Vertriebs"

Danach wird die Gruppe angelegt. Mit *remove-msolgroup* löschen Sie eine Gruppe wieder in der PowerShell. Dazu müssen Sie aber zuerst die ID in einer Variablen speichern und den Inhalt der Variablen an den Befehl zum Löschen übergeben:

groupId = Get-MsolGroup -searchString "<Name der Gruppe>"

Remove-MsolGroup -objectid $groupId

Standardmäßig legt Office 365 allerdings eine Sicherheitsgruppe an. Um eine Verteilerliste anzulegen verwenden Sie den Befehl *New-DistributionGroup -Name "<Distribution Group Name>"*. Löschen können Sie solche Gruppen mit *Remove-DistributionGroup "<Distribution Group Name>"*. Eine Liste aller Möglichkeiten finden Sie auf der Webseite o365info.com (http://o365info.com/manage-distribution-groups-by-using).

Dazu müssen Sie die Sitzung aber auf einem anderen Weg mit Office 365 verbinden. Sie müssen direkt eine Sitzung zu Exchange Online aufbauen:

1. Öffnen Sie Windows Azure Active Directory-Modul für Windows PowerShell
2. Speichern Sie die Anmeldung an Office 365 in einer Variablen: *$LiveCred = Get-Credential.*
3. Erstellen Sie eine neue Variable für eine neue PowerShell-Sitzung: *$Session = New-PSSession -ConfigurationName Microsoft.Exchange -ConnectionUri https://ps.outlook.com/powershell/ -Credential $LiveCred -Authentication Basic -AllowRedirection*
4. Starten Sie die Sitzung mit Import-PSSession $Session

Um in dieser Sitzung jetzt Verteilergruppen zu verwalten, verwenden Sie die CMDlets mit „DistributionGroup" im Text. Diese lassen Sie sich am schnellsten mit *get-command *distributiongroup** anzeigen.

Microsoft zeigt in einem Community-Beitrag (http://community.office365.com/en-us/f/148/t/17324.aspx) wie Sie mit einer CSV-Datei auch eine große Menge Gruppen anlegen und verwalten.

Microsoft Azure und die PowerShell

Sie können auch Microsft Azure in der PowerShell verwalten. Die Installationsdatei dazu finden Sie auf der Seite https://www.windowsazure.com/en-us/manage/downloads. Die CMDlets importieren Sie mit *Import-Module Azure*, sollte die PowerShell die Befehle nicht anzeigen. Damit Sie Azure-Dienste verwalten können, müssen Sie sich mit Ihrem Abonnement verbinden. Das geht mit Microsoft Azure etwas anders als mit Office 365:

Geben Sie *Get-AzurePublishSettingsFile* ein und melden Sie sich an Azure an.

Laden Sie die Datei herunter, die der Assistent anzeigt.

Geben Sie den Befehl *Import-AzurePublishSettingsFile <Pfad zur .publishsettings-Datei>* ein.

Geben Sie danach *Get-AzureSubscription* ein. Im Fenster müssen die Anmeldedaten Ihres Abonnements sehen.

Eine ausführliche Liste aller CMDlets finden Sie auf der Seite http://wappowershell.codeplex.com/documentation. Zusätzlich sollten Sie sich die Hinweise und Anleitungen auf der Seite http://msdn.microsoft.com/en-us/library/windowsazure/jj156055.aspx ansehen. Microsoft zeigt in einigen Videos auch den umfassen-den Umgang mit dem CMDlets. Diese finden Sie auf der Seite http://www.youtube.com/playlist?list=PLJDPY2jtlrmVcKiVXsThagD5nCVs0OoUi.

Der häufigste Einsatz der Azure-PowerShell ist das Erstellen von neuen virtuellen Servern. Dazu verwenden Sie das CMDlet *New-AzureQuickVM*. Auch Webseiten können Sie in der Windows Azure PowerShell erstellen. Dazu verwenden Sie das CMDlet *New-AzureWebsite <Name der Seite>*. Weitere Beispiele finden Sie auf den genannten Seiten.

Virtuelle Computer in Microsoft Azure effizient über die PowerShell sichern

Einige Aufgaben zur Sicherung von VMs können Sie auch mit der PowerShell durchführen. Dazu müssen Sie die Azure-CMDlets für PowerShell herunterladen und einrichten. Die Azure PowerShell (https://azure.microsoft.com/de-de/documentation/articles/powershell-install-configure) kann von einem lokalen Rechner aus Sicherungsaufgaben in Microsoft Azure durchführen. Neben der manuellen Sicherung können Sie auch Zeitpläne erstellen, zu denen die virtuellen Server automatisch gesichert werden.

Mit dem CMDlet *get-azurevm* lassen Sie sich zunächst eine Liste der installierten VMs anzeigen. Für diese VMs können Sie Sicherungsaufgaben konfigurieren. Neben einfacheren Möglichkeiten, können Sie auch Skripte erstellen und die Sicherung automatisieren lassen. Wie Sie dazu vorgehen, zeigt Microsoft in der TechNet (http://blogs.technet.com/b/germany/archive/2015/03/13/gastbeitrag-backup-und-snapshots-mit-microsoft-azure.aspx). Wie beim Einsatz von lokalen Virtualisierungsumgebungen auf Basis von Hyper-V, können Sie die VMs in Microsoft Azure auch exportieren und importieren. Dazu nutzen Sie die CMDlets *Export-AzureVM* und *Import-AzureVM*.

Ein Skript zur Sicherung von VMs können Sie direkt auf der Seite https://www.sepago.de/files/drupal/snap.zip herunterladen. Ausführliche Anleitungen zu diesem Skript finden Sie auf der Downloadseite https://www.sepago.de/blog/2014/12/18/snapshots-backups-in-microsoft-azure-teil-1.

Der Vorteil des Skriptes ist es, dass Sie VMs in Microsoft Azure auch im laufenden Betrieb sichern können. Bevor Sie das Skript verwenden, sollten Sie aber zunächst überprüfen, ob die lokale PowerShell eine Verbindung zu Ihrem Azure-Abonnement hergestellt hat. Dazu verwenden Sie die beiden CMDlets *Add-AzureAccount* und *Get-AzureVm*.

Sichern Sie mit der PowerShell VMs in Azure Storage, bleiben alle Daten in der Cloud. Sie haben auf diesem Weg die Möglichkeit auch Wiederherstellungsvorgänge durchzuführen. Um eine VM vollständig zu sichern, müssen Sie diese anhalten. Mit dem oben genannten Skript ist das nicht notwendig, und auch nicht, wenn Sie mit dem Sicherungstresor sichern. Verwenden Sie aber manuelle Kopieraktionen, muss die VM angehalten werden. Dazu verwenden Sie das CMDlet *stop-azurevm*. Wollen Sie den Vorgang in ein Sicherungsskript schreiben, macht es Sinn, wenn Sie die entsprechende VM in einer Variablen speichern:

$vm = Get-AzureVM -ServiceName <Bezeichnung> -Name <Bezeichnung>

Die genauen Bezeichnungen erfahren Sie über *get-azurevm*. Den Inhalt der Variablen lassen Sie danach mit $vm anzeigen.

Für die Sicherung können Sie danach mit der Variablen und dem Skript *stop-azurevm* die VM herunterfahren, aber verfügbar für die Sicherung belassen. Dazu verwenden Sie den Befehl:

$vm | stop-azurevm -StayProvisioned

Der Befehl ruft den Inhalt der Variablen ab und beendet danach die VMs, die in der Variablen hinterlegt sind. Um die VMs zu sichern, müssen Sie deren virtuelle Festplatten sichern, genauso wie bei lokalen Servern, die Sie virtualisiert haben. Dazu haben Sie ebenfalls die Möglichkeit in der PowerShell die Festplatten auszulesen und in einer Variablen zu speichern. Zum Abrufen der Festplatten verwenden Sie das CMDlet *Get-AzureOSDisk*.

Um die Festplatten der gespeicherten VMs auszulesen und in einer Variablen zu speichern, rufen Sie zuerst die Variable mit den VMs auf, übergeben das Ergebnis an das CMDlet *Get-AzureOSDisk* und speichern das Ergebnis in einer weiteren Variablen:

$vmdisk = $vm | Get-AzureOSDisk

Nach dem erfolgreichen Ausführen des Befehls, können Sie sich auch hier den Inhalt der Variablen anzeigen lassen.

VMs in Microsoft Azure bestehen meistens aus mehreren Festplatten. Mit dem Befehl *Get-AzureOSDisk* lassen Sie sich die Festplatten mit den Betriebssystemen anzeigen. Die Datenfestplatten werden mit dem CMDlet *Get-AzureDataDisk* angezeigt. Auch hier haben Sie die Möglichkeit die Festplatten anzuzeigen und in einer Variablen zu speichern. Dazu verwenden Sie den Befehl:

$vmdatadisk = $vm | Get-AzureDataDisk

Verfügt die VM über keine Datenfestplatte bleibt die Variable leer. Sobald Sie aber später eine Datenfestplatte hinzufügen, wird diese im Skript automatisch mit eingebunden.

Damit Sie Daten von VMs sichern können, benötigen Sie zunächst ein Speicherkonto in Microsoft Azure. Dieses können Sie in der Weboberfläche erstellen. Sobald Sie das Konto erstellt haben, überprüfen Sie in der PowerShell, ob es verfügbar ist. Dazu verwenden Sie das CMDlet *Get-AzureStorageAccount*.

Verwenden Sie mehrere Speicher, sollten Sie den Speicher, in dem Sie die VMs sichern wollen zunächst in der PowerShell abrufen, überprüfen, und danach in einer Variablen speichern:

get-azurestorageaccount -StorageAccountName joosstorage

$storage= get-azurestorageaccount -StorageAccountName joosstorage

$storage

Damit Sie in der PowerShell auf das Speicherkonto zugreifen können, müssen Sie teilweise das Azure-Abonnement noch einmal hinterlegen. Dazu rufen Sie das Abonnement mit *Get-AzureSubscription* ab und hinterlegen es mit *Set-AzureSubscription* für das gewünschte Speicherkonto:

Set-AzureSubscription -SubscriptionName "<Name>" -CurrentStorageAccount <Storage>

Erstellen sie im ausgewählten Speicherkonto am besten einen eigenen Container für die Sicherung von VMs. Diesen Container können Sie auch schnell und einfach in der Weboberfläche erstellen. Alternativ verwenden Sie das CMDlet *New-AzureStorageContainer* (http://msdn.microsoft.com/en-us/library/dn408517.aspx). Danach starten Sie die Sicherung mit *Start-AzureStorageBlobCopy*.

Azure Storage für Profis: PowerShell zur Steuerung verwenden

Die Dienste in Microsoft Azure lassen sich mit der PowerShell verwalten. Auch den Speicher in Azure können Sie mit der PowerShell steuern. Mit *Get-AzureStorageAccount* lassen Sie sich die Daten Ihres Kontos anzeigen. Im ersten Schritt benötigen Sie dazu auf dem Rechner Azure PowerShell.

Die notwendigen Erweiterungen für die PowerShell können Sie direkt bei Microsoft herunterladen, indem Sie den Microsoft-Webplattform-Installer (*http://go.microsoft.com/fwlink/p/?linkid=320376&clcid=0x407*) ausführen. Nachdem Sie die Erweiterung installiert haben, müssen Sie sich mit Ihrem Azure-Abonnement verbinden:

Öffnen Sie die Azure PowerShell-Konsole.

Geben Sie das CMDlet *Add-AzureAccount* ein.

Melden Sie sich im Fenster an Microsoft Azure an. Die Anmeldeinformationen werden gespeichert, das Fenster geschlossen. Sie können aber auch mit folgendem Befehl arbeiten:

$cred = Get-Credential

Add-AzureAccount -Credential $cred

Mit dem Befehl *New-AzureStorageAccount* erstellen Sie ein neues Speicherkonto. Mit diesem Befehl müssen Sie den Namen des Kontos und die Region steuern. Ein Beispiel für die Erstellung ist:

New-AzureStorageAccount -Location "West Europe" -StorageAccountName joostest2

Sie können in der PowerShell aber nicht nur Speicher erstellen und verwalten, sondern auch Dateien kopieren. Dazu verwenden Sie das CMDlet *Start-AzureStorageBlobCopy*. Mit dem CMDlet geben Sie die Datei an, die Sie kopieren wollen sowie den Container in den Sie die Datei kopieren wollen. Den Inhalt der Container lassen Sie mit *Get-AzureStorageBlob* anzeigen. Sie können diese Vorgänge natürlich auch alle Skripten. Die entsprechenden Anleitungen dazu sind in einem Blog-Beitrag auf der MSDN zu finden (http://blogs.msdn.com/b/pkirchner/archive/2015/04/07/grundlagen-azure-storage-dateien-blobs-per-powershell-kopieren.aspx).

Überwachung in SharePoint 2010/2013 mit der PowerShell steuern

Um Zeitgeberaufträge der Überwachung zu steuern, verwenden Sie folgendes CMDlet:

Set-SPTimerJob [-Identity <Name des Auftrags>] [-Schedule <Einstellungen des Zeitplans>]

Geben Sie die Option *Identity* nicht an, ändern Sie die Einstellungen aller Aufträge. Sie können auch eine Liste aller Zeitgeberaufträge anzeigen:

Get-SPTimerJob | Format-Table -property id,title

Mit der Option *Schedule* geben Sie den Zeitplan an. Dieser kann zum Beispiel folgende Werte enthalten:

every <1-60> seconds

every <1-60> minutes at <1-60>

every <1-60> minutes between <1-60> and <1-60>

hourly between <1-59> minutes past the hour and <1-59> minutes past the hour *daily between starting from <hh:mm:ss> and starting no later than <hh:mm:ss>*

weekly between starting on <day of the week hh:mm:ss> and starting no later than <day of the week hh:mm:ss>

monthly between starting on < day number hh:mm:ss> and starting no later than < day number hh:mm:ss>

monthly by <hh:mm:ss> on <week number> <day of week>

Sie können sich Beispiele anzeigen, wenn Sie den folgenden Befehl eingeben:

Get-SPTimerJob | Format-Table -property id,title,schedule

Sie können auch die Verwendungsdatenerfassung über die SharePoint-Verwaltungsshell anpassen:

*Set-SPUsageService [-LoggingEnabled {1 | 0}] [-UsageLogLocation <Pfad>] [-UsageLogMaxSpaceGB <1-20>] [-Verbose]*Sie müssen für *UsageLogLocation* einen Pfad verwenden, der auf allen Farmservern vorhanden ist.

Mit den Daten aus den ULS-Protokollen (Universal Logging System), können Sie Probleme in der Farm erkennen und beheben. Sie können die protokollierten Einträge in der SharePoint-Verwaltungsshell filtern, auf unterschiedliche Weise anzeigen, sortieren, gruppieren und zu Excel exportieren. Verwenden Sie dazu das CMDlet *Get-SPLogEvent*. Die Syntax zur Filterung ist:

Get-SPLogEvent | Where-Object {$_.Level -eq [In-formation | Warning | Error | Critical | Verbose | Unexpected | Monitorable | High | Medium]} |fI

Suchen Sie nach einer bestimmten Meldung, verwenden Sie:

Get-SPLogEvent | Where-Object {$_.Message -like "<Zeichenfolge der Ereignismeldung>*"}*

Get-SPLogEvent | Where-Object {$_.Area -eq "SharePoint Foundation"} | Out-GridView zeigt eine Tabelle an.

Get-SPLogEvent | Out-GridView ist der einfachste Weg um alle Einträge in der einer Tabelle anzuzeigen. Kopieren Sie die Spalten, die Sie in Excel verwenden wollen, und fügen Sie diese in Excel ein.

SharePoint-Farm in der Verwaltungsshell sichern

SharePoint können Sie seit SharePoint 2010 in der PowerShell sichern, auch ganze Farmen. Die Syntax für den Befehl ist:

Backup-SPFarm -Directory <Verzeichnis> -BackupMethod {Full | Differential} [-Verbose]

Bei der ersten Sicherung der Farm müssen Sie die Option *Full* verwenden. Auf dieser vollständigen Sicherung können Sie differentielle Sicherungen aufbauen. Sie müssen immer eine vollständige Sicherung ausführen, bevor Sie eine differenzielle Sicherung ausführen können.

Sie können Sie auf diesem Weg ein PowerShell-Skript erstellen, mit dem Sie die Farm regelmäßig auf eine Dateifreigabe sichern lassen. Auf den SharePoint-Servern muss das Konto in die lokale Administratorgruppe und in die Gruppe der Farm-Administratoren. Neben den Administratorrechten für die SharePoint-Farm muss das Konto noch das Recht haben die SharePoint-Verwaltungsshell zu nutzen sowie Zugriff auf die einzelnen Inhaltsdatenbanken erhalten. Dazu verwenden Sie den folgenden Befehl in der SharePoint-Verwaltungsshell:

Get-SPDatabase | Add-SPShellAdmin -UserName <Domäne>\<Backup-Benutzer>

Damit Sie die normale PowerShell für das Verwenden von Befehlen aus der SharePoint-Verwaltungsshell nutzen können, müssen Sie erst das Modul der SharePoint-Befehle laden:

Add-PSSnapin -Name 'Microsoft.SharePoint.PowerShell'

Innerhalb des Skripts können Sie auch alte Datensicherungen automatisch löschen lassen. Dazu verwenden Sie den Befehl:

Remove-Item -Path "<Pfad zu den Sicherungsdateien\>*" -Recurse

Der Befehl zum Sichern der Farm sieht dann folgen-dermaßen aus:

Backup-SPFarm -Directory \\<Server>\<Freigabe> -BackupMethod Full -BackupThreads 10

Das Skript speichern Sie mit der Endung *.ps1. Erstellen Sie eine Aufgabe in Windows, verwenden Sie als zu startendes Programm den Befehl:

C:\Windows\System32\WindowsPowerShell\v1.0\powershell.exe

In diesem Fall ist es wichtig, dass Sie das PowerShell-Modul im Skript laden lassen. Damit das Skript startet, übergeben Sie im Feld Argumente die Zeile:

-ExecutionPolicy Bypass -File "<Pfad zur PS1-Datei der Sicherung>"

Suche in der PowerShell konfigurieren

Wollen Sie die Suche auf mehreren Servern einrichten und dabei die SharePoint-VerwaltungsShell nutzen, finden Sie im Internet hilfreiche Anleitungen und Befehle für die Umsetzung. Rufen Sie dazu die Seite http://www.powershellmagazine.com/2013/04/29/creating-and-configuring-a-sharepoint-2013-search-service-application auf. Ebenfalls hilfreich bei der Ein-richtung sind die Seiten http://blogs.technet.com/b/praveenh/archive/2013/02/07/create-a-new-search-service-application-in-sharepoint-2013-using-powershell.aspx und http://blogs.msdn.com/b/chandru/archive/2013/02/19/sharepoint-2013-configuring-search-service-application-and-topology-using-powershell.aspx.

Geben Sie in der PowerShell den Befehl *Get-SPEnterpriseSearchServiceApplication* ein. Sie sehen im Fenster den Typ der Suchdienstanwendung und deren Status. Die Informationen werden auch angezeigt, wenn Sie die Suchdienstanwendung in der grafischen Oberfläche erstellt haben.

Hat die Suchdienstanwendung auf dem Server nicht den Status *Online*, sollten Sie noch die Konfiguration überprüfen. Bereits konfigurierte Suchdienstanwendungen, starten Sie mit dem CMDlet *Start-SPEnterpriseSearchServiceInstance <Servername>*. Um die Einstellungen einer Suchdienstanwendung zu sichern oder in eine andere Farm zu exportieren, können Sie ebenfalls die SharePoint-VerwaltungsShell verwenden:

Export-SPEnterpriseSearchTopology -Filename c:\search.xml

Natürlich können Sie die XML-Datei auch wieder importieren:

Import-SPEnterpriseSearchTopology -Filename c:\search.xml

Sie haben auch die Möglichkeit die Einstellungen der Suchdienstanwendung in der XML-Datei zu bearbeiten und danach den Import durchzuführen.

Mit PowerShell Web Access von jedem Browser aus mit der PowerShell arbeiten

Mit PowerShell Web Access können Sie in Windows Server 2012/2012 R2 eine PowerShell-Konsole in einem Browserfenster zur Verfügung stellen. Vorteil dabei ist, dass Sie auf diesem Weg auch mit Geräten eine Verbindung zu Windows-Servern aufbauen können, die normalerweise keine Powershell-Sitzungen anbieten.

PowerShell Web Access ist ein Gatewaydienst. Das heißt, Sie verbinden sich mit der Webseite von PowerShell Web Access und können von diesem Server aus remote auf alle Server im Netzwerk zugreifen, auf die der entsprechende Administrator Zugriff hat.

PowerShell Web Access funktioniert von jedem Gerät aus, das einen HTML-fähigen Browser mit Java-Unterstützung besitzt. Sie benötigen auf den Endgeräten keine spezielle Apps.

Auf einem Server im Netzwerk müssen Sie PowerShell Web Access installieren. Von diesem Server aus, erfolgt dann der Zugriff über das Netzwerk. Sie müssen also nicht auf jedem Server PowerShell Web Access installieren und einrichten. Die Installation nehmen Sie am besten über den Server-Manager vor.

Installieren Sie PowerShell Web Access mit dem Server-Manager oder in der PowerShell, werden die erforderlichen Rollen und Features automatisch hinzugefügt. Erweitern Sie auf der Seite *Features auswählen* des Assistenten *Windows PowerShell*, und wählen Sie *Windows PowerShell Web Access* aus.

Sie werden aufgefordert, erforderliche Features, wie.NET Framework 4.5, und Rollendienste des Webservers (IIS) hinzuzufügen. Fügen Sie die erforderlichen Features hinzu, und setzen Sie den Vorgang fort. Das Ganze können Sie natürlich auch mit der PowerShell durchführen:

Install-WindowsFeature -Name WindowsPowerShell-WebAccess -ComputerName <Name des Servers> -IncludeManagementTools -Restart

Nach der Installation von PowerShell Web Access auf dem Gateway, müssen Sie die Software noch einrichten. Die Einrichtung nehmen Sie über die PowerShell vor. Bei dem Vorgang wird auch der Webserver auf dem PowerShell Web Access-Gateway konfiguriert. Bestandteil der Installation ist zum Beispiel die Erstellung eines Anwendungspools für PSWA. Der Befehl dazu ist:

Install-PswaWebApplication -UseTestCertifikate

Das Zertifikat können Sie nachträglich in der IIS-Verwaltung anpassen. Mit dem selbstsignierten Zertifikat bekommen Sie die Funktion aber erst einmal ans Laufen. Die Webseite von PowerShell Web Access erreichen Sie nach der Einrichtung über:

https://<Servername>/pswa

PowerShell Web Access kann nur verwendet werden, wenn Sie das Rechtemodell konfiguriert haben. Standardmäßig darf nach der Installation und Einrichtung noch kein Benutzer mit PowerShell Web Access arbeiten.

Um mit Rechten zu arbeiten, können Sie in der PowerShell Regeln für Anwender oder Gruppen erstellen. Dazu verwenden Sie die CMDLets *Add-PswaAuthorizationRule* und *Remove-PswaAuthorizationRule*. Das CMDlet *Get-PswaAuthorizationRule* zeigt die erstellten Regeln an, *Test-PswaAuthorizationRule* überprüft Autorisierungsregeln. Hier können Sie zum Beispiel überprüfen ob Benutzer auch Zugriff zu den Computern haben, die Sie über die PowerShell verwalten sollen. Die ausführliche Syntax, Beispiele und Hilfen dazu finden Sie in der Microsoft-TechNet auf der Seite *https://technet.microsoft.com/en-us/library/jj592890.aspx*. Eine Beispielregel für den Zugriff auf PSWA ist:

*Add-PswaAuthorizationRule -Usergroupname Conto-so\pswa-administrators -ComputerName * - ConfigurationName **

Mit diesem Befehl erteilen Sie allen Mitgliedern der Gruppe *pswa-administrators* das Recht auf alle Server im Netzwerk über die PowerShell zuzugreifen. Sie können auch die Option - *ComputerGroupName* verwenden. In diesem Fall können Sie Computerkonten in die Gruppe aufnehmen, auf die Administratoren zugreifen können. Generell ist auch hier die Konfiguration mit Gruppen immer am besten.

Die weitere Arbeit mit der PowerShell entspricht dem Umgang mit der normalen Windows-PowerShell. Bei der Anmeldung muss bereits der Computer im Netzwerk angegeben werden, auf dem PowerShell Web Access die PowerShell-Sitzung öffnen soll.

In der Datei *web.config* im Verzeichnis *C:\Windows\Web\PowerShellWebAccess\wwwroot* können Sie festlegen, wieviele Benutzer gleichzeitig mit PSWA arbeiten dürfen und wie hoch der Timeout sein soll. Standardmäßig dürfen 3 Benutzer gleichzeitig mit dem PowerShell Web Access-Gateway verbunden sein. Nach einer Inaktivität von 20 Minuten werden die Benutzer getrennt.

Pflege von Verwaltungsrollengruppen in Exchange Server 2013 in der PowerShell delegieren

Grundlage der Exchange-Verwaltung sind die Verwaltungsrollengruppen. Diese legen fest, mit welchen Rechten Administratoren auf die Exchange-Umgebung zugreifen um diese zu verwalten. Stellvertreter von Verwaltungsrollengruppen können Mitglieder hinzufügen oder aus ihnen entfernen und Eigenschaften einer Rollengruppe anpassen. Allerdings dürfen Stellvertreter selbst die Funktionen der Verwaltungsrollengruppe nicht nutzen, sondern die Rechte nur delegieren. Auf diese Weise können Administratoren die lästige Pflege von Verwaltungsrechen delegieren, ohne dass Sie selbst Rechte aus der Hand geben.

Die Konfiguration des Stellvertreters erfolgt durch die Option *ManagedBy* für die Cmdlets *Set-RoleGroup* oder *New-RoleGroup*. Die Option *ManagedBy* überschreibt immer die gesamte Stellvertreterliste für eine Rollengruppe. Wollen Sie einzelne Stellvertreter zu einer Rollengruppe hinzufügen, ohne die gesamte Stellvertreterliste zu löschen, gehen Sie folgendermaßen vor:

Sie speichern die Einstellungen der Rollengruppe in einer Variablen mit dem Befehl:

$RoleGroup = Get-RoleGroup <Verwaltungsrollen-gruppe>

Danach fügen Sie den Stellvertreter zu der Rollengruppe hinzu, die Sie als Variable gespeichert haben:

$RoleGroup.ManagedBy += (Get-User <Postfach dass Sie hinzufügen wollen>).Identity

Die Liste in der Variablen müssen Sie danach in die Verwaltungsrollengruppe einfügen:

Set-RoleGroup <Verwaltungsrollengruppe> -ManagedBy $RoleGroup.ManagedBy

Im folgenden Beispiel fügen Sie den Benutzer „Thomas Joos" als Stellvertreter der Rollengruppe „Organisationsverwaltung" hinzu:

$RoleGroup = Get-RoleGroup "Organization Management"

$RoleGroup.ManagedBy += (Get-User "Thomas Joos").Identity

Set-RoleGroup "Organization Management" -ManagedBy $RoleGroup.ManagedBy

Sie können Stellvertreter aus der Rollengruppe auch entfernen, nicht nur hinzufügen:

$RoleGroup.ManagedBy -= (Get-User <Benutzer den Sie entfernen wollen>).Identity

Um den Inhalt der Liste anzuzeigen, verwenden Sie:

Get-RoleGroup |fl ManagedBy

Neben den Standardgruppen, können Sie auch eigene Verwaltungsrollengruppen erstellen und Benutzer zuordnen. Neue Verwaltungsrollengruppen erstellen Sie in der Exchange-Verwaltungsshell mit dem *Cmdlet New-RoleGroup.*

Beispiel:

New-RoleGroup -Name "Contoso Recipient Management" -Roles "Mail Recipients", "Distribution Groups", "Move Mailboxes", "UM Mailboxes", "Re-set Password" -CustomRecipientWriteScope "Contoso Users", -ManagedBy "Thomas", "Lotti", "Fynn" -Members "Stefan", "Marc", "Marco", "Hans", "Michael", "Lukas", "Flo", "Lukas", "Isabel", "Manuela", "Thomas", "Karl"

Windows-Firewall in der PowerShell steuern - auch in Windows 10

In Windows 8.1 und Windows Server 2012 R2 können Sie zur Steuerung der Windows-Firewall mit der PowerShell viele Einstellungen vornehmen. Vorteil dabei ist die Möglichkeit die Konfiguration zu Skripten oder zu automatisieren. Diese Einstellungen können Sie auch in Windows 10 vornehmen.

Um eine neue Firewallregel zu erstellen, verwenden Sie zum Beispiel den Befehl *New-NetFirewallRule -DisplayName "ICMP block" -Direction Inbound -Protocol icmp4 -Action Block.*

Anstatt mit *New-NetFirewallRule* eine neue Firewallregel zu erstellen, ist es häufig einfacher bestehende Firewallregeln zu kopieren. Dazu verwenden Sie den Befehl *Copy-NetFirewallRule.* Arbeiten Sie mit IPSec, können Sie auch hier Regeln kopieren. Dazu wird das CMDlet *Copy-NetIPsecRule* verwendet.

Nachdem Sie eine Regel kopiert haben, können Sie diese natürlich auch umbenennen. Dazu verwenden Sie das CMDlet *Rename-NetFirewallRule*. Sie können aber bereits beim Kopieren einen neuen Namen verwenden. Beispiel:

Copy-NetFirewallRule -DisplayName „Require Out-bound Authentication" -NewName „Alternate Requi-re Outbound Authentication"

Natürlich lassen sich Firewallregeln in der PowerShell auch löschen: *Remove-NetFirewallRule.*

Sie können Firewallregeln mit Gruppenrichtlinien verteilen. Hier besteht auch die Möglichkeit Firewallregeln des Domänenprofils zu kopieren und diese anschließend per GPO zu verteilen. Auf diesem Weg können Sie aber auch die Firewallregeln abrufen, die über bestimmte Gruppenrichtlinien im Netzwerk verteilt werden:

Get-NetFirewallProfile -Profile Domain -PolicyStore <FQDN der Domäne>\<Name der GPO> | Copy-NetFirewallRule -NewPolicyStore <FQDN der Domäne>\<Neue GPO>

In der PowerShell können Sie Regeln aber auch aktivieren oder deaktivieren. Die Syntax dazu ist:

Disable-NetFirewallRule -DisplayName „<Anzeigename>"

Wollen Sie zum Beispiel alle erstellten Regeln deaktivieren, die Sie mit einer bestimmten Gruppenrichtlinie im Netzwerk verteilen, verwenden Sie den Befehl:

Disable-NetFirewallRule -Direction Outbound -PolicyStore <Domäne>\<GPO>

Alternativ können Sie einen bestimmten Satz von Regeln auch erst in einer Variablen speichern und über diese Variablen dann aktivieren oder deaktivieren:

$Rules = Get-NetFirewallRule -PolicyStore ActiveS-tore -PolicyStoreSourceType Dynamic

Disable-NetFirewallRule -InputObject $Rules

Natürlich besteht auch hier die Möglichkeit die Ergebnisse mit der Pipe (|) direkt an ein anderes CMDlet zu übergeben:

Get-NetFirewallRule -PolicyStore ActiveStore -PolicyStoreSourceType Dynamic | Disable-NetFirewallRule

Den Status von Firewallregeln zeigen Sie mit *Get-NetFirewallRule* an. Alle Regeln zeigen Sie mit *Get-NetFirewallRule -All* an. Um die aktivierten Regeln anzuzeigen, die Datenverbindungen zulassen, verwenden Sie:

Get-NetFirewallRule -Enabled True -Action Allow

Die notwendigen Voraussetzungen für Exchange 2013 in der PowerShell installieren

Um Exchange 2013 mit SP1 oder einem aktuellen kumulativen Update auf einem Server zu installieren, benötigen Sie in Windows Server 2012 R2 einige Rollen und Features. Diese installieren Sie auf Wunsch auch mit einem Rutsch in der PowerShell. Auch andere Bereiche in Exchange können Sie mit der PowerShell recht unkompliziert skripten.

Um Exchange automatisiert oder zumindest schneller zu installieren, hilft es bereits, wenn Sie die notwendigen Voraussetzungen in der PowerShell installieren. Der Befehl dazu ist:

Install-WindowsFeature AS-HTTP-Activation, Desk-top-Experience, NET-Framework-45-Features, RPC-over-HTTP-proxy, RSAT-Clustering, RSAT-Clustering-CmdInterface, RSAT-Clustering-Mgmt, RSAT-Clustering-PowerShell, Web-Mgmt-Console, WAS-Process-Model, Web-Asp-Net45, Web-Basic-Auth, Web-Client-Auth, Web-Digest-Auth, Web-Dir-Browsing, Web-Dyn-Compression, Web-Http-Errors, Web-Http-Logging, Web-Http-Redirect, Web-Http-Tracing, Web-ISAPI-Ext, Web-ISAPI-Filter, Web-Lgcy-Mgmt-Console, Web-Metabase, Web-Mgmt-Console, Web-Mgmt-Service, Web-Net-Ext45, Web-Request-Monitor, Web-Server, Web-Stat-Compression, Web-Static-Content, Web-Windows-Auth, Web-WMI, Windows-Identity-Foundation, Tel-net-Client, RSAT-ADDS

Nach der Installation von Exchange Server 2013 SP1 oder einem aktuellen CU, sollten Sie in der Exchange-VerwaltungsShell mit dem CMDlet *test-servicehealth* überprüfen, ob alle Serverdienste auf dem Server noch funktionieren.

Sie können die Installation von Exchange Server 2013 SP1 auch in der Befehlszeile/PowerShell starten, um den Server in eine bestehende Organisation zu installieren. Dazu geben Sie in einer

PowerShell-Sitzung im Verzeichnis mit den Installationsdateien von Exchange den folgenden Befehl ein:

.\setup /m:install /roles:ca,mb,mt /IAcceptExchangeServerLicenseTerms /InstallWindowsComponents

Sie können im Befehl auch den Speicherort der Datenbankdateien festlegen. Dazu verwenden Sie die Optionen:

/DBFilePath: „<Verzeichnis und Name der EDB-Datei>" /LogFolderPath:"<Verzeichnis>"

Auch den Namen der Datenbanken können Sie steuern. Dazu verwenden Sie die Option:

/mdbname:"<Name">

Datenbankverfügbarkeitsgruppen in der PowerShell und Exchange-Verwaltungsshell verwalten

Unternehmen, die Exchange hochverfügbar betreiben wollen, müssen mit Datenbankverfügbarkeitsgruppen arbeiten. Mit Datenbankverfügbarkeitsgruppen (Database Availability Groups, DAG) können Sie Exchange-Datenbanken zwischen verschiedenen Servern synchron halten. Datenbankverfügbarkeitsgruppen sind auch mit der Standard-Edition von Exchange 2013 möglich. DAGs sind daher ein hervorragendes Mittel, um auch bei kleineren Unternehmen eine Hochverfügbarkeit der Exchange-Datenbanken zu erreichen, ohne komplexe Konfigurationen durchführen zu müssen. Die Replikation der Datenbanken zwischen den Servern erfolgt über Transaktionsprotokolle.

In der Exchange-Verwaltungsshell arbeiten Sie mit dem Cmdlet *New-DatabaseAvailabilityGroup*. Das Cmdlet *Add-DatabaseAvailabilityGroupServer* fügt Postfachserver zu der DAG hinzu.

Wenn Sie eine DAG erstellen, müssen Sie den Namen der Gruppe festlegen sowie eine IP-Adresse, die Sie der DAG zuordnen. Nach der Erstellung einer DAG können Sie über das Cmdlet *Set-DatabaseAvailabilityGroup* die Einstellungen anpassen. Um eine DAG in der Exchange-Verwaltungsshell zu erstellen, verwenden Sie den folgenden Befehl:

New-DatabaseAvailabilityGroup -Name <Name der DAG> -WitnessServer <Zeugenserver> -WitnessDirectory <Zeugenordner> -DatabaseAvailabilityGroupIPAddresses <Liste der IP-Adressen, kommagetrennt>

Mit dem Cmdlet *Set-DatabaseAvailabilityGroup -Identity <Name der DAG>* passen Sie die Einstellungen der DAG an. Hier stehen die gleichen Möglichkeiten wie bei der Erstellung zur Verfügung. Mit dem Cmdlet *Get-DatabaseAvailabilityGroup <DAG-Name> | fl* lassen Sie Einstellungen einer DAG anzeigen. Sie können sich eine Liste aller Mitglieder der DAG mit *Get-DatabaseAvailabilityGroup <DAG-Name> | fl Servers* anzeigen lassen.

In der Exchange-Verwaltungsshell fügen Sie Server zu einer DAG hinzu. Dazu verwenden Sie folgendes Cmdlet:

Add-DatabaseAvailabilityGroupServer -Identity <DAG-Name> -MailboxServer <Servername>

Um einen Server aus seiner DAG zu entfernen, verwenden Sie:

Remove-DatabaseAvailabilityGroupServer -Identity <DAG-Name> -MailboxServer <Servername>

Grundsätzlich empfiehlt Microsoft, den Datenverkehr zur Replikation und die Verbindung der Anwender auf verschiedene Netzwerkkarten zu verteilen Sie können DAG-Netzwerke ebenfalls in der Exchange-Verwaltungsshell erstellen. Dazu verwenden Sie den folgenden Befehl:

New-DatabaseAvailabilityGroupNetwork -DatabaseAvailabilityGroup <Name der DAG> -Name <Name des Netzwerks> -Description <Beschreibung> -Subnets <Subnetze> -ReplicationEnabled:$True

Zum Abrufen von Einstellungen oder zum nachträglichen Ändern verwenden Sie die Cmdlets *Set-DatabaseAvailabilityGroupNetwork* und *Get-DatabaseAvailabilityGroupNetwork*.

Um die Kopie einer Postfachdatenbank in der Exchange-Verwaltungsshell zu erstellen, verwenden Sie den folgenden Befehl:

Add-MailboxDatabaseCopy -Identity <Name der Datenbank> -MailboxServer <Name des Kopieservers> -ActivationPreference <Aktivierungseinstellungsnummer>

Mit dem Cmdlet *Get-MailboxDatabaseCopyStatus* können Sie sich den Status der Replikation für die Datenbankkopie in der Exchange-Verwaltungsshell anzeigen lassen. Mit dem Cmdlet *Test-ReplicationHealth* lassen Sie sich den Status der Datenbankverfügbarkeitsgruppe und der Replikation ebenfalls anzeigen. Wechseln Sie in der Exchange-Verwaltungsshell in den Scripts-Ordner von Exchange 2013 (standardmäßig *C:\Program Files\Microsoft\Exchange Server\V15\Scripts*), können Sie durch Eingabe von *.\CheckDatabaseRedundancy.ps1* ebenfalls einen Test der Replikation durchführen.

Wollen Sie eine Postfachdatenbankkopie entfernen, verwenden Sie den folgenden Befehl:

Remove-MailboxDatabaseCopy -Identity <Name der Datenbankkopie> -Confirm:$False

Sie können die Kopiervorgänge für die Replikation zeitweise deaktivieren:

Suspend-MailboxDatabaseCopy -Identity <Name der Datenbankkopie> -SuspendComment <Kommentar> -Confirm:$False

Mit *Resume-MailboxDatabaseCopy* setzen Sie die Replikation fort.

Kostenloses PowerShell-Skript von Microsoft für die Überwachung von Exchange

Microsoft bietet in der TechNet-Gallery ein kostenloses Exchange-Skript mit der Bezeichnung „Generate Exchange Environment Reports using Powershell" (http://gallery.technet.microsoft.com/office/Generate-Exchange-2388e7c9). Dieses erstellt Informationen zu Exchange-Umgebungen und kann diese per E-Mail zustellen. Das Skript müssen Sie nur herunterladen und danach ausführen. Dazu öffnen Sie die Exchange-Verwaltungsshell und wechseln in das Verzeichnis in das Sie das Skript heruntergeladen haben. Danach führen Sie es mit folgender Syntax auf:

.\Get-ExchangeEnvironmentReport.ps1 -htmlreport <Pfad zur HTML-Datei>

Nachdem Sie die Sicherheitswarnung erstmalig bestätigt haben, wird der Bericht erstellt und als HTML-Datei angezeigt.

Exchange-Reporter - Mail-Umgebung mit der PowerShell überwachen

Exchange Reporter verschickt Status-E-Mails über den Zustand Ihrer Exchange-Server, Datenbanken und anderer Objekte in der Exchange-Organisation. Laden Sie sich die Version für Exchange Server 2010 (http://www.frankysweb.de/exchange-report) oder Exchange Server 2013 (http://www.frankysweb.de/exchange-reporter-2013) herunter. Sie müssen das Skript zunächst an Ihre Umgebung anpassen. Danach erstellen Sie eine Windows-Aufgabe welche den Bericht startet. Der grafische Bericht und die Tabellen mit den Informationen werden per E-Mail verschickt, sodass Sie zu beliebigen Zeitpunkten immer einen Überblick darüber haben, was in Ihrer Umgebung los ist.

Die Einstellungen von Exchange Reporter 2013 nehmen Sie über die Datei *settings.ini* vor. Erstellen Sie eine neue geplante Aufgabe in Windows für die Ausführung des Skriptes. Verwenden Sie in der Datei *settings.ini* den Intervall 1, lassen Sie den Bericht täglich erstellen. Verwenden Sie als Befehl für die Aufgabe *powershell.exe* und als Argumente für die Befehlszeile den folgenden Wert:

-Command "& '<Pfad auf dem Server>\New-ExchangeReport.ps1' -installpath '<Pfad auf dem Server>'

Exchange-Monitor - E-Mail-Fluss mit der PowerShell überwachen

Exchange Monitor (http://www.frankysweb.de/exchange-monitor/) ist das zweite Skript des Entwicklers. Dieses sendet Test-E-Mails zu einem externen Server, wartet auf die automatische Antwort und stellt damit sicher, dass der E-Mail-Fluss der Exchange-Organisation in das Internet funktioniert. Sie können auch hier das Skript anpassen, wie beim Exchange-Reporter gibt es auch für dieses Tool eine umfangreiche Hilfedatei.

Klappt der E-Mail-Fluss nicht kann das Tool Administratoren benachrichtigen, zum Beispiel über eine SMS. Zusätzlich benötigen Sie auf dem Exchange-Server noch Microsoft Exchange Web Services Managed API 2.0 (http://www.microsoft.com/en-us/download/confirmation.aspx?id=35371). Nachdem Sie Microsoft Exchange Web Services Managed API 2.0 installiert haben, entpacken Sie das Archiv des Exchange-Monitors. Kopieren Sie das ganze Verzeichnis auf den Exchange-Server. Danach richten Sie eine geplante Aufgabe ein, die in regelmäßigen Abständen das Skript startet.

Im Verzeichnis des Exchange-Monitors finden Sie das Skript zur Steuerung der Überwachung. Dieses öffnen Sie am besten mit der PowerShell ISE. Im Skript *New-mailFlowTest.ps1* nehmen Sie Einstellungen des E-Mail-Tests vor. Suchen Sie nach den Zeilen 14-21. Tragen Sie hier die notwendigen Daten aus Ihrer Umgebung ein:

- *EchoMail* - Mailserver zu dem die Test-E-Mails gesendet werden sollen. Laut Entwickler können Sie diesen Server belassen.

- *Testmailbox* - E-Mail Adresse des Exchange Monitor Testbenutzers. Hier müssen Sie ein vorhandenes Postfach verwenden, oder für das Tool ein eigenes Postfach anlegen.

- *Testuser* - Benutzername für das Test-Postfach

- *administrator* - Domäne mit dem Benutzerkonto

- *Testuserpass* - Kennwort für den Testbenutzer

- *latency* = Zeit in Sekunden bis versendete Test-E-Mails wieder am Server eingehen müssen, bis das Tool von einem Fehler ausgeht.

67

- *filepath* - Name und Pfad der zu generierenden HTML Datei

- *addsmtpservers* - Liste der weiteren SMTP-Server, die Sie testen wollen

Das Skript sendet eine E-Mail an einen anderen E-Mail-Server, der diese wiederum zurücksendet. Wenn der Empfang der E-Mail zu lange dauert, erkennt das Skript den Fehler und kann entsprechend handeln. Das Skript verwendet dazu den E-Mail-Server der TU Berlin. Wenn Sie alle Einstellungen im Skript vorgenommen haben, schließen Sie es und richten die geplante Aufgabe ein. Wie Sie dazu genau vorgehen, lesen Sie in der PDF, die zum Tool gehört.

Nachdem Sie alle notwendigen Einstellungen vorgenommen haben, erstellen Sie eine neue Aufgabe in Windows. Verwendet Sie dazu folgende Einstellungen:

> Aktivieren Sie auf der Registerkarte *Allgemein* die Option *Unabhängig von der Benutzeranmeldung ausführen*.
> Auf der Registerkarte *Trigger* legen Sie fest, wann die Überwachung stattfinden soll.
> Danach erstellen Sie auf der Registerkarte *Aktion* einen neuen Befehl:
> Wählen Sie bei Aktion die Option *Programm starten*.
> Tragen Sie bei *Programm/Skript* den Befehl *powershell.exe* ein.
> Bei *Argumente hinzufügen* verwenden Sie: *-Command "& 'C:\Program Files\ExchangeMonitor\New-MailflowTest.ps1' -installpath "C:\Program Files\ExchangeMonitor"*. Achten Sie darauf den korrekten Pfad einzugeben. Achten Sie bei der Eingabe der Befehle auch auf die Doppelstriche (") und die Einzelstriche (').
> Geben Sie beim Speichern den Benutzernamen und das Kennwort eines Benutzers ein, der in der Administrations-Gruppe für die Exchange-Organisation ist.

In der Datei *Add-ErrorAction.ps1* können Sie eine Alarmaktion festlegen. Hier ist bereits der SMS Versand über T-Online eingegeben. Sie können hier aber auch eigene Aktionen definieren und andere SMS-Gateways verwenden. Die Variable $*alarm* enthält den Fehler.

Exchange Server 2013 mit der PowerShell überwachen und Berichte erstellen

Geht es um die generelle Überwachung der wichtigsten Serverdienste, geben Sie in der Exchange-VerwaltungsShell den Befehl *test-servicehealth* ein. Verwendet Sie das CMDlet *get-healthreport -identity <Exchange-Server>* erhalten Sie für den Server einen umfassenden Bericht zu den Serverkomponenten und deren Zustand.

Microsoft bietet in der TechNet-Gallery das kostenlose Exchange-VerwaltungsShell-Skript „Generate Exchange Environment Reports using Powershell" (http://gallery.technet.microsoft.com/office/Generate-Exchange-2388e7c9) an.

Laden Sie sich die PS1-Datei herunter und speichern Sie diese auf dem Exchange-Server. Danach können Sie das Skript in der Exchange-VerwaltungssShell mit .*Get-ExchangeEnvironmentReport.ps1* ausführen. Mit der Option *-HTMLReport <Pfad und Name der HTML-Datei>* können Sie einen HTML-basierten Bericht erstellen lassen. Die HTML-Datei können Sie danach im Browser öffnen.

Im Bericht sehen Sie die Anzahl der Postfächer auf dem Server, ob die Serverdienste funktionieren, wie groß die Datenbanken auf dem Server sind und wieviel Speicherplatz auf dem Server frei ist. Auch Daten zu Datenbankverfügbarkeitsgruppen können Sie an dieser Stelle ablesen.

Sie haben auch die Möglichkeit das Skript automatisiert als Aufgabe zu starten, oder Sie lassen bei der Ausführung des Skriptes eine E-Mail mit dem Bericht erstellen. Dazu müssen Sie die Einstellungen des Skriptes aufrufen und die Einstellungen anpassen. Damit das Skript eine E-Mail senden kann verwenden Sie die Syntax:

.\Get-ExchangeEnironmentReport -HTMLReport c:\temp\report.html -SendMail:$true - Mailfrom:<Absende-Adresse> -MailTo:<Empfänger-Adresse> -MailServer:<SMTP- oder Exchange- Server>

Schnelle Exchange-Diagnose im Fehlerfall

Exchange braucht für einen stabilen Betrieb einige Systemdienste auf den Servern. Diese Dienste überprüfen Sie ebenfalls am schnellsten in der PowerShell oder der Exchange-Verwaltungsshell. Der Vorteil bei der Überprüfung in der PowerShell ist, dass Sie die Dienste auch über das Netzwerk anzeigen lassen können. Dazu verwenden Sie auf einem Rechner im Netzwerk den folgenden Befehl:

*get-service *exchange* -ComputerName <Exchange-Server>*

Testen Sie alle Dienste auf allen Exchange-Servern und stellen Sie sicher, dass die notwendigen Dienste, den Status *Running* besitzen. Auf diesem Weg erkennen Sie recht schnell auf welchen Exchange-Servern im Netzwerk einzelne Exchange-Dienste nicht mehr funktionieren und welche Dienste das sind. Mit dem CMDlet können Sie natürlich auch andere Systemdienste testen und anzeigen. Sie können den Zustand der Exchange-Dienste in der Exchange-Verwaltungsshell mit dem Befehl *Test-Servicehealth* überprüfen. Mit diesem Befehl lässt sich erkennen, ob die Exchange-Dienste und -Rollen funktionieren und auch die abhängigen Dienste gestartet und funktionsfähig sind

Haben Sie die generelle Serververfügbarkeit überprüft und auch die Systemdienste, testen Sie als Nächstes die ganzen Exchange-Datenbanken. Dazu verwenden Sie die Exchange-Verwaltungsshell. Sie haben auch hier die Möglichkeiten den Status schneller für alle Server in Erfahrung zu bringen:

Get-MailboxDatabase | Get-MailboxDatabaseCopyStatus

Achten Sie darauf, dass die produktiven Datenbanken den Status *Mounted* besitzen. Der nächste Schritt besteht darin, dass Sie überprüfen, ob Outlook-Clients noch mit HTTP und TCP auf die Exchange-Clientzugriffserver zugreifen können. Auch dazu verwenden Sie die Exchange-Verwaltungsshell und die beiden folgenden Befehle:

Test-OutlookConnectivity -Protocol HTTP

Test-OutlookConnectivity -Protocol tcp

Bevor Sie den Test mit dem Cmdlet ausführen können, müssen Sie mit dem Exchange-Skript *New-TestCasConnectivityUser.ps1* einen Testbenutzer erstellen. Um das Skript auszuführen, wechseln Sie in der Exchange-Verwaltungsshell in das *Verzeichnis C:\Program Files\Microsoft\Exchange Server\V15\Scripts*. Geben Sie den Befehl *.\New-TestCasConnectivityUser.ps1* ein. Anschließend fragt Sie das Skript nach einem sicheren Kennwort für den neuen Testbenutzer. Den Namen des Benutzers legt das Skript selbst fest.

Bestätigen Sie das Anlegen mit der (Eingabe)-Taste. Sie können das Skript auch so starten, dass ein bestimmter Postfachserver automatisch verwendet wird. Die Syntax dazu ist*: get-mailboxServer | .\new-TestCasConnectivityUser.ps1*. Achten Sie darauf, den Befehl am besten direkt im Verzeichnis *C:\Program Files\Microsoft\Exchange Server\V15\Scripts auszuführen (siehe Abbildung 3).*

Sie erhalten auch hier das Ergebnis, ob die Verbindung erfolgreich war, oder eben nicht. Alle Clientzugriffserver filtern Sie übrigens mit *Get-ClientAccessServer*. Ob Exchange ActiveSync funktioniert, testen Sie in der Exchange-Verwaltungsshell mit *Test-ActiveSyncConnectivity -ClientAccessServer <Servername>*.

Zusätzlich stehen noch mehr CMDlets für die Analyse zur Verfügung. Die Syntax ist ähnlich:

- *Test-OwaConnectivity*

- *Test-EcpConnectivity -*

- *Test-WebServicesConnectivity*

- *Test-PopConnectivity*

- *Test-ImapConnectivity*

E-Mail-Fluss testen

Sie können in der Exchange-Verwaltungsshell auch den E-Mail-Fluss testen. Dazu verwenden Sie das CMDlet *test-mailflow -SourceMailboxServer <Postfach-Server>*. Sie erhalten auch hier das passende Ergebnis und können feststellen, ob der E-Mail-Fluss auf dem entsprechenden Postfach-Server funktioniert.

Zusammen mit dem E-Mail-Fluss auf den Exchange-Servern sollten Sie auch die Abarbeitung der Warteschlangen auf den Transportservern überprüfen. Auch hier stehen CMDlets in der Exchange-Verwaltungsshell zur Verfügung: *Get-TransportServer | Get-Queue*. Die Warteschlangen sollten möglichst leer sein. So ist sichergestellt, dass die Transport-Server die E-Mails auch weiterleiten können.

Die einzelnen Ports auf den Servern sollten Sie auch testen. Dazu verwenden Sie das CMDlet *test-port* und den entsprechenden Port. Vor allem die Ports 25 (Transport-Server), 135 (Clientzugriff-Server und Postfach-Server), 443 (Clientzugriff-Server), 587 (Transport-Server) müssen offen sein und kommunizieren können.

Exchange-Archivierung in der PowerShell verwalten

Die Exchange-Archivierung und die Verwaltung und Verwendung der verschiedenen Richtlinien können Sie auch in der Verwaltungsshell steuern. Dazu stellt Microsoft einige CMDlets zur Verfügung, mit denen sich viele Aufgaben automatisieren lassen.

In der Exchange-Verwaltungsshell können Sie sich mit dem Befehl *Get-Mailbox <Alias> |fl DisplayName, *archive** die Archive anzeigen lassen und fest-stellen welche Benutzer bereits das Archiv verwenden. Wollen Sie über die Exchange-Verwaltungsshell einem Empfänger ein Archiv zuweisen, verwenden Sie das Cmdlet *Enable-Mailbox <Alias> -Archive*. Mit dem Cmdlet *Disable-Mailbox <Alias> -Archive* deaktivieren Sie das Archiv für einen Benutzer.

Wollen Sie in der Exchange-Verwaltungsshell die Größe eines Postfachs anzeigen lassen, geben Sie den Befehl *Get-MailboxStatistics <Alias>* ein. Mit dem Befehl *Get-MailboxStatistics <Alias> -Archive* machen Sie das gleiche mit dem Archiv.

Sie können eine Richtlinie zur Archivierung mehreren Anwendern gleichzeitig zuordnen. Zusätzlich können Sie die Richtlinie auch Mitgliedern einer Verteilergruppe zuordnen und dabei auch dynamische Verteilergruppen verwenden. Im folgenden Beispiel verknüpfen Sie die Aufbewahrungsrichtlinie „RP" mit den Mitgliedern der Verteilergruppe „.Einkauf":

Get-DistributionGroupMember -Identity ".Einkauf" | Set-Mailbox -RetentionPolicy "RP"

Weisen Sie eine Richtlinie einem Anwender zu, in-dem Sie über Mitgliedschaft von Verteilergruppen filtern, ist der Vorgang nicht dynamisch. Entfernen Sie den Anwender von der Gruppe oder fügen Sie Benutzer hinzu, hat das keinerlei Auswirkungen auf die Zuordnung von Richtlinien. Hier müssen Sie also manuell Anpassungen vornehmen.

Sie können die Richtlinien auch einzeln in der Exchange-Verwaltungsshell zuordnen. In diesem Beispiel wird die Aufbewahrungsrichtlinie „Buchhaltung" auf das Postfach des Benutzers „joost" angewendet:

Set-Mailbox "joost" -RetentionPolicy "Buchhaltung"

Im nächsten Beispiel wird die Aufbewahrungsrichtlinie „MRM-Neu" auf alle Postfächer angewendet, die über die alte Richtlinie „MRM" verfügen.

$OldPolicy={Get-RetentionPolicy "MRM"}.distinguishedName

Get-Mailbox -Filter {RetentionPolicy -eq $OldPolicy} -Resultsize Unlimited | Set-Mailbox - RetentionPolicy "MRM-Neu"

Als Nächstes wird die Aufbewahrungsrichtlinie *Corp* auf alle Postfächer in der Exchange-Organisation angewendet.

Get-Mailbox -ResultSize Unlimited | Set-Mailbox -RetentionPolicy "Corp"

Nachfolgend wird die Aufbewahrungsrichtlinie *Finance* auf alle Postfächer in der Organisationseinheit für Finanzen angewendet:

Get-Mailbox -OrganizationalUnit "Finance" -ResultSize Unlimited | Set-Mailbox -RetentionPolicy "Finance"

Zum Überprüfen, ob die Aufbewahrungsrichtlinie angewendet wurde, verwenden Sie das Cmdlet *Get-Mailbox* um die Aufbewahrungsrichtlinie für das Postfach abzurufen:

Get-Mailbox <Benutzername> | Select RetentionPolicy

Get-Mailbox -Filter {RetentionPolicy -eq $policy} -ResultSize Unlimited |ft Name,RetentionPolicy -Auto

Probleme mit Exchange ActiveSync beheben

In der Weboberfläche von Office 365 können Sie verschiedene Einstellungen bezüglich der Gerätesicherheitseinstellungen vornehmen. Manchmal kommt es in diesem Bereich zu Konfigurationsproblemen. Diese können Sie aber beheben, wenn Sie Office 365 mit der PowerShell verwalten. Öffnen Sie dazu die PowerShell und geben Sie folgende Befehle ein:

Set-ExecutionPolicy unrestricted

$Cred = Get-Credential

$Session = New-PSSession -ConfigurationName Microsoft.Exchange -ConnectionUri https://ps.outlook.com/powershell/ -Credential $Cred -Authentication Basic -AllowRedirection

Import-PSSession $Session

Danach können Sie jetzt verschiedene Befehle verwenden, um die Einstellungen in Office 365 zu steuern. Wollen Sie zum Beispiel Kennwortrichtlinien aktivieren oder deaktivieren, gehen Sie folgendermaßen vor:

Get-ActiveSyncMailboxPolicy |fl devicepasswordenabled

Wenn das Ergebnis *True* anzeigt, können Sie in der PowerShell die Richtlinie deaktivieren und umgekehrt, wenn False angezeigt wird:

Set-ActiveSyncMailboxPolicy -Identity <Richtlinie> -DevicePasswordEnabled $False

Um zum Beispiel die Einstellungen für die Richtlinie Default anzupassen, verwenden Sie

Set-ActiveSyncMailboxPolicy –Identity Default –DevicePasswordEnabled $False

Um den Namen der Richtlinien anzuzeigen, verwenden Sie den folgenden Befehl:

Get-ActiveSyncMailboxPolicy |fl identity

Mit der PowerShell Fehler in den Verwaltungswerkzeugen von Exchange Server 2013 reparieren und absichern

Unter manchen Umständen funktioniert auf dem Clientzugriff-Server das virtuelle Verzeichnis für OWA oder die ECP nicht. Erstellt werden können diese Verzeichnisse mit *New-ECPVirtualdirectory* und *New-OWAVirtualDirectory* in der Exchange-Verwaltungsshell. In der Exchange-Verwaltungsshell werden die virtuellen Ordner angezeigt, wenn *Get-OwaVirtualDirectory* eingegeben wird. Alle Webseiten werden mit *Get-Website* angezeigt. Hier sollten keine Fehler erscheinen und die korrekten Optionen erscheinen.

Hier erkennen Sie auch, welche Version der Ordner auf den einzelnen Exchange-Servern der Organisation aufweist.

Funktioniert an dieser Stelle etwas nicht, sollte die normale PowerShell geöffnet werden und mit dem Befehl *Add-PSSnapin *exchange** die Exchange-Befehle geladen werden. Mit dem folgenden Befehl lassen sich häufig Probleme beheben:

Set-EcpVirtualDirectory -Identity "<Servername>\ecp (Exchange Back End)" -WindowsAuthentication $true -FormsAuthentication $false

Danach wird mit *iisreset /noforce* der IIS auf dem Exchange-Server neu gestartet. Funktioniert das nicht, hilft oft der Neustart des kompletten Servers. Das CMDlet bietet aber noch mehr Möglichkeiten. Wollen Unternehmen verhindern, dass sich Administratoren über das Internet mit dem Exchange Admin Center verbinden, wird der folgende Befehl verwendet:

Set-ECPVirtualDirectory -Identity "<Servername>\ecp (default web site)" -AdminEnabled $false

Wurde dieser Befehl umgesetzt, erscheint beim Öffnen des Exchange Admin Centers über das Internet oder von unsicheren Webzonen, eine Fehlermeldung. In diesem Fall ist das aber kein Fehler, sondern eine Sicherheitsrichtlinie.

Auf den Clientzugriffservern sollte überprüft werden, ob die virtuellen Verzeichnisse und andere Bereiche des IIS gestartet sind und als fehlerfrei angezeigt werden. Die virtuellen Verzeichnisse für Exchange sind unterhalb der *Default Web Site* auf dem Exchange-Server angeordnet. Exchange stellt in diesem Bereich auch einige CMDlets in der Exchange-Verwaltungsshell zur Verfügung, welche die Daten dieser Seiten anzeigen:

- *Get-WebApplication*

- *Get-WebServicesVirtualDirectory*

- *Get-OabVirtualDirectory*

- *Get-AutodiscoverVirtualDirectory*

- *Get-ActiveSyncVirtualDirectory*

Lassen sich die Verwaltungswerkzeuge nicht reparieren, hilft wiederum das Erstellen einer neuen Webanwendung für Exchange:

New-WebApplication -Site "Exchange Back End" -Name EWS -PhysicalPath "C:\Program Files\Microsoft\Exchange Server\V15\ClientAccess\exchweb\EWS" -ApplicationPool MSExchangeServicesAppPool

In der Ereignisanzeige des Exchange-Servers sind bei Problemen mit den Exchange-Verwaltungswerkzeugen oft Einträge in der Art „Process MSExchangeHWWorker.exe (ExHMWorker) (PID=1124).ServerComponent 'RwsProxy' set by Requester 'HealthApi' to Inactive" zu finden. In diesem Fall sollte überprüft werden, ob die Default Web Site auf dem Server tatsächlich funktioniert und auch auf das Verzeichnis *c:\inetpub\wwwroot* verweist.

Das virtuelle ECP-Verzeichnis muss außerdem für die Windows-Authentifizierung und Formularbasierte-Authentifizierung aktiviert sein. Die Systemdateien des Verzeichnisses müssen sich im Verzeichnis *C:\Program Files\Microsoft\Exchange Server\V15\ClientAccess\ecp* befinden. Die Dateien für Outlook Web App befinden sich im Verzeichnis *C:\Program Files\Microsoft\Exchange Server\V15\ClientAccess\owa*.

Wichtig in diesem Zusammenhang sind auch die Bindungen auf dem Clientzugriff-Server. Der IIS muss auf die Ports 80 und 443 hören und die genannten Seiten nutzen können.

Exchange Certificate Assistant - Zertifikate in der PowerShell ausstellen

Auf der Seite FrankysWeb.de (http://www.frankysweb.de/exchange-2013-assistent-fuer-zertifikate/) finden Sie ein PowerShellskript mit grafischer samt Anleitung, mit dem Sie schnell und einfach über eine interne Zertifizierungsstelle Zertifikate für Exchange ausstellen können.

Sobald Sie das Powershell-Skript konfiguriert und ihm eine passende Zertifikatvorlage zugewiesen haben, rufen Sie das Skript mit *.\ExchangeCertificateAssistant.ps1* auf. Danach können Sie über einen Assistenten das Zertifikat für Exchange automatisiert ausstellen und auch gleich mit den Exchange-Diensten verbinden lassen. Die Anleitung auf der Seite erklärt die einfache Vorgehensweise. Der Vorteil des Tools ist, dass Sie mit diesem auch sehr schnell neue Zertifikate ausstellen können, ohne manuell vorgehen zu müssen.

In der Exchange-Verwaltungsshell können Sie sich das Zertifikat über *get-exchangecertificate* anzeigen lassen. Es gibt aber auch die Möglichkeit über die PowerShell Exchange-Zertifikate des lokalen Zertifikate-Speichers zu aktivieren. Dazu verwenden Sie das CMDlet *Enable-ExchangeCertificate*. Die Syntax dazu ist:

Enable-ExchangeCertificate -Thumbprint <String> [-Server <ServerIdParameter>] <Parameter>

Beispiel:

Enable-ExchangeCertificate -Thumbprint 5113ae0233a72fccb75b1d0198628675333d010e -Services POP,IMAP,SMTP,IIS

Die ausführliche Syntax finden Sie auch in der TechNet (https://technet.microsoft.com/de-de/library/aa997231%28v=exchg.150%29.aspx).

Benutzer-Fotos in Active Directory, Lync und Exchange integrieren

Unternehmen bei denen Anwender über Exchange, VoIP-Telefone, Lync, Outlook und anderen Programmen kommunizieren, profitieren davon wenn Fotos der Benutzer in Active Directory hinterlegt sind. Fotos sehen Anwender in Exchange zum Beispiel zusätzlich in der globalen Adressliste, wenn Sie Exchange Server 2010/2013 einsetzen. In Outlook und auch im Lync-Client, sowie an einer Vielzahl weiterer Stellen sind ebenfalls Fotos zu sehen. Sie können die Fotos mit Zusatztools in Active Directory von Windows Server 2012 R2 integrieren, oder mit Bordmitteln.

Fotos lassen sich dazu als Attribut in Active Directory ablegen. Die Fotos werden dann auch über die Replikation der Active Directory-Datenbank repliziert und sind Domänenweit verfügbar. Dieser Vorgang lässt sich mit der Freeware *AD Photo Edit* recht einfach umsetzen, aber auch mit Bordmitteln. Laden Sie dazu das Tool von der Seite *http://www.cjwdev.co.uk/Software/ADPhotoEdit/Download.html* herunter und installieren es auf einem Computer, der Mitglied der Domäne ist.

Sie können mit der Exchange-Verwaltungsshell die Fotos aller Benutzer ebenfalls aktualisieren. Beispiel:

$photo = ([Byte]] $(Get-Content -Path "e:\Photos\joos.jpg" -Encoding Byte -ReadCount 0))

Set-UserPhoto -Identity "Thomas Joos" -PictureData $photo -Confirm:False

Set-UserPhoto -Identity "Thomas Joos" -Save -Confirm:False

Damit ein hochgeladenes Foto dem Benutzerkonto zugewiesen wird, muss der Benutzer in den Optionen das Bild noch speichern. Um als Administrator das Foto dem Benutzerkonto von Thomas Joos zuzuweisen, verwenden Sie als Befehl:

Set-UserPhoto -Identity "Thomas Joos" -Save -Confirm:False

Um zu prüfen, ob das neue Foto dem Benutzerkonto zugewiesen wurde, kann sich meldet sich der Benutzer in Lync an und lässt sich sein Bild anzeigen.

vSphere 6/ESXi 6 mit der PowerShell verwalten

Laden Sie sich die PowerShell-Erweiterung von VMware mit der Bezeichnung Power CLI herunter, (https://my.vmware.com/group/vmware/get-download?downloadGroup=PCLI600R1), können Sie ESX/ESXi auch mit der PowerShell über das Netzwerk verwalten. Installieren Sie dazu PowerCLI auf dem Windows-Rechner, mit dem Sie VMware ESXi verwalten wollen.

Mit dem CMDlet *Connect-VIServer -Server <IP-Adresse> -Protocol https* bauen Sie eine Verbindung zum Server auf. *Get-VICommand* zeigt Ihnen die zur Verfügung stehenden Befehle an.

Mit dem Befehl *get-powercliversion* wird die Version der PowerCLI genauer angezeigt. Mit *Get-VM* werden die VMs auf dem Host angezeigt. Interessant ist an dieser Stelle die Unterstützung der neuen Funktionen in PowerCLI 6. Die CMDlets *New-VM* und *Set-VM* unterstützen die Hardware-Version 11

74

in ESXi 6.0. Eine Hilfe für die CMDlets wird mit dem Befehl *GET-HELP NEW-VM* angezeigt. Um sich Beispiele für die Befehle anzeigen zu lassen, verwenden Sie den Befehl *GET-HELP NEW-VM -examples*.

Sie können in der PowerCLI mit Variablen arbeiten. Das ist zum Beispiel sinnvoll um beim Erstellen eines neuen virtuellen Servers den Host, die Vorlage, den Datenspeicher und den Namen des neuen virtuellen Servers zu speichern und dann mit einem einzelnen kleinen Befehl den virtuellen Server zu erzeugen.

Beispiel dafür ist das Speichern des Hosts auf dem Sie den virtuellen Server erstellen wollen, zum Beispiel mit *$host = "192.168.178.220"*. Um auch die Vorlage zu bestimmen auf deren Basis der virtuelle Server erstellt werden sollen, können Sie mit *$template = get-template | where name –like „exchange"* in der Vorlage den Namen speichern, der in diesem Beispiel der Vorlage „exchange" entspricht.

Den Datenspeicher sichern Sie dann mit *$store = get-datastore | where name –like „store"*. Den Namen des virtuellen Servers legen Sie mit *$name = „x2k13-01"* fest. Haben Sie alle diese Daten in Variablen gespeichert, können Sie den neuen virtuellen Server mit dem folgenden Befehl erstellen:

New-VM -VMHost $host -Template $template -Datastore $store -Name $name

Konsolenfenster zu den virtuellen Servern können Sie in PowerCLI zu öffnen. Dazu nutzen Sie das CMDlet *Open-VMConsoleWindow*:

Open-VMConsoleWindow –vm <Name>

In der PowerCLI können Sie auch Daten der Hardware Virtualisierungs-Hosts auslesen. Dazu verwenden Sie das CMDlet *Get-View*. Ausführlichere Informationen erhalten Sie mit dem Befehl *get-vmhost | select **.

vCloud, vSAN und vSAN-Disks mit der PowerShell verwalten

Ab PowerCLI 6.0 R1 hat VMware auch neue CMDlets zur Verwaltung von vCloud Air-Instanzen integriert. Dazu verwenden Sie die CMDlets *Connect-PIServer* und *Get-PIDatacenter*.

Damit diese CMDlets zur Verfügung stehen, müssen Sie während der Installation von PowerCLI das entsprechende Modul auswählen. Auch das Cloud Suite SDK lässt sich über die PowerCLI nutzen. Dazu gibt es die beiden neuen CMDlets *Connect-CISServer* und *Get-CISService*.

Ebenfalls integriert wurden neue Funktionen um auch vSANs und Virtual SAN Disks zu verwalten. Auch hier hat VMware neue CMDlets integriert, mit denen sich diese VMware-Funktionen direkt abrufen und verwalten lassen. Die wichtigsten CMDlets in diesem Bereich sind:

Get-VsanDisk

Get-VsanDiskGroup

New-VsanDisk

New-VsanDiskGroup

Remove-VsanDisk

Remove-VsanDiskGroup

Erstellen Sie neue Cluster in PowerCLI, stehen die beiden CMDlets *New-Cluster* und *Set-Cluster* in einer neuen Version zur Verfügung. Diese bieten die neue Option *VSANEnabled*, um bereits bei der Erstellung vSANs berücksichtigen zu können. Ebenfalls neu ist die Option *VSANDiskClaimMode* für die beiden CMDlets.

In diesem Zusammenhang wurden auch die CMDlets zur Steuerung der Netzwerkadapter erweitert. Die CMDlets *New-VMHostNetworkAdapter* und *Set-VMHostNetworkAdapter* verfügen jetzt über die neue Option *VsanTrafficEnabled*. VMware hat außerdem neue CMDlets integriert mit denen sich I/O-Filter konfigurieren lassen. Dazu stehen die CMDlets *Get-VAIOFilter, New-VAIOFilter* und *Remove-VAIOFilter* zur Verfügung.

Damit die Verwendung der CMDlets etwas konsistenter wird, hat VMware auch einige CMDlets umbenannt. Die CMDlets *Apply-VMHostProfile, Apply-DrsRecommendation* und *Shutdown-VMGuest* heißen jetzt *Invoke-VMHostProfile, Invoke-DrsRecommendation* und *Stop-VMGuest*.

Bei der Verwendung von Skripten in PowerCLI sollte die Meldung der Zertifikate ausgeschaltet werden. Dazu rufen Sie PowerCLI mit Administratorrechten auf und geben den folgenden Befehl ein:

Set-PowerCLIConfiguration -InvalidCertificateAction ignore

Erscheint eine positive Rückmeldung, funktioniert die Anbindung und Sie können mit der PowerShell des lokalen Rechners auf vSphere zugreifen, auch über Skripte für VMware. Hier muss aber auch bei der neuen Version darauf geachtet werde vor der Ausführung der PowerCLI und der Verwendung der Skripte zunächst die Ausführungsrichtlinie zu konfigurieren.

Dazu müssen Sie erst eine normale PowerShell-Sitzung mit Administratorrechten starten. Mit Get-VICommand werden alle verfügbaren Befehle für VMware angezeigt. Sie können Skripte in VMware auch über eine Batch-Datei auf dem Rechner starten. Dazu muss die PowerShell über die Batchdatei gestartet, das VMware-Modul geladen und anschließend das Skript gestartet werden. Sie verwenden zum Beispiel folgende Syntax:

C:\Windows\SysWOW64\WindowsPowerShell\v1.0\powershell.exe -psc "C:\Program Files (x86)\VMware\Infrastructure\vSphere PowerCLI\vim.psc1" -command "<Pfad zur ps1-Datei"

Um das Skript starten, müssen Sie die Batchdatei doppelklicken. Wenn die Skripte oder auch Batchdateien über die Windows-Aufgabenplanung gestartet werden soll, hilft ein weiteres Skript bei der Einrichtung (http://vmwaremine.com/2013/04/19/schedule-task-with-powercli-script/#sthash.3jpEKMOK.dpbs).

Mit PowerCLI lassen sich aber auch komplizierte Einstellungen vornehmen, zum Beispiel den Speicherverbrauch von VMs steuern:

connect-viserver esx.joos.com --user corp\administrator --password vmware get-vm vm* | Set-VM -MemoryMB "1024" -Confirm:$FALSE Disconnect-VIServer -Server esx.joos.com -Confirm:$FALSE

Wer sich umfassender mit PowerCLI auseinandersetzen will, sollte sich das VMware-Support-Forum für PowerCLI (https://communities.vmware.com/community/vmtn/automationtools/powercli) ansehen. Der Blog der PowerCLI-Entwickler (http://blogs.vmware.com/vipowershell) ist ebenfalls eine interessante Anlaufstelle. Eine weitere Seite für eine Einarbeitung in PowerCLI finden Administratoren hier (http://www.petri.co.il/vmware-vsphere-powercli-getting-started.htm).

PowerCLI - Daten aus VMware-Umgebungen auslesen und Berichte erstellen

Wollen Sie Informationen Ihrer VMs auslesen, verwenden Sie das Skript *VMware guest information* (http://poshcode.org/3129). Das Skript *VMware custom attributes* (http://poshcode.org/4153)zeigt noch den Ersteller der VM, das Datum der Erstellung sowie Informationen zum letzten Backup an. Außerdem können Sie diese Daten auch als Attribute direkt in den VMs speichern. Wollen Sie Daten von ESXi-Hosts auslesen, verwenden sie das Skript *VMware / Windows Admin* (http://poshcode.org/3441). Das Skript *Get-VMware-Guest-Inventory* (http://poshcode.org/4737) führt eine Inventur der verfügbaren VMs durch. Das Skript speichert die Daten in einer CSV-Datei.

Get-VMSnapshotInformation (http://poshcode.org/5200) zeigt Informationen zu den Snapshots der VMs an, und auch welcher Administrator die Snapshots erstellt hat. *Find Snapshots and Send Email to User/Users with* (http://communities.vmware.com/docs/DOC-6980) erfasst Snapshots und kann automatisiert E-Mails mit Informationen versenden. Das Skript *Get-VMMemory* (http://poshcode.org/4326) zeigt die prozentuale Verwendung des Speichers für virtuelle Server an.

VMware Infrastructure Power Documenter (http://communities.vmware.com/docs/DOC-6970) erstellt umfassende Berichte einer VMware-Umgebung auf Basis von Open XML.

VMware Health Check script (http://communities.vmware.com/docs/DOC-7430) erstellt Berichte zu Ihrer Umgebung und erfasst dabei auch Snapshots, Data Stores, installierte VMWare-Tools und mehr. Alle die hier genannten Skripte lassen sich auch mit SCOM verbinden und gemeinsam nutzen.

Installation von vCenter Server unter Windows Server 2012/2012 R2

Unter manchen Umständen hat vCenter Probleme mit dem IPv6-Stack von Windows Server 2012/2012 R2. Sie bemerken das daran, wenn bei der Namensauflösung des Servers, erst die IPv6-Adresse antwortet. Stellen Sie Probleme fest, entfernen Sie in den Einstellungen der Netzwerkverbindung den Haken bei IPv6 und testen Sie, ob das Problem noch auftritt. Zusätzlich können Sie in der PowerShell noch folgenden Befehl eingeben:

New-ItemProperty -Path HKLM:\SYSTEM\CurrentControlSet\services\TCPIP6\Parameters -Name DisabledComponents -PropertyType DWord -Value 0xffffffff

Ist die Option in der Registry bereits vorhanden, können Sie diese in der PowerShell anpassen:

Set-ItemProperty HKLM:\SYSTEM\CurrentControlSet\Services\Tcpip6\Parameters DisabledComponents 0xffffffff -type dword

Zusätzlich benötigen Sie noch einige Features für den Betrieb in Windows Server 2012/2012 R2. Auch diese können Sie in der PowerShell installieren:

Add-WindowsFeature -name Desktop-Experience,qWave -IncludeAllSubFeature – IncludeManagementTools

Install-WindowsFeature NET-Framework-Core -Source D:\sources\sxs

Citrix XenServer in der PowerShell verwalten

Für Citrix XenServer stellt der Hersteller eine eigene Erweiterung für die PowerShell zur Verfügung. Sie müssen das *XenServer PowerShell SDK* (http://support.citrix.com/article/CTX138083) auf dem Rechner installieren, mit dem Sie eine Verbindung aufbauen wollen. Sie finden den Download in den

Dateien Ihres Citrix-Kontos. Nachdem Sie das SDK installiert haben, können Sie von dem entsprechenden Rechner aus Citrix verwalten.

Eine Verbindung zum XenServer brauen Sie mit *Connect-XenServer* auf. Eine Liste aller VMs erhalten Sie mit *Get-XenVM*. Um XenServer etwas zu automatisieren, können Sie dieses Skript (http://xenstuff.blogspot.de/2013/11/how-to-automate-citrix-xenserver-powershell-scripts.html) nutzen. Es verbindet sich mit Xen und ruft wichtige Informationen zu den VMs ab. Das vermeidet, dass Fehler das Skript zum Absturz bringen, wenn etwas nicht funktioniert.

Sie starten die PowerShell mit den Citrix-CMDlets über eine eigene Verknüpfung. Alle Befehle zeigen Sie mit *Get-CtxCommand* an.

In der Microsoft TechNet-Gallery finden Sie ebenfalls das eine oder andere PowerShell-Skript für XenServer. Das *Citrix* „**XenServer Updatescript**" (http://gallery.technet.microsoft.com/scriptcenter/Citrix-XenServer-3d276529) installiert per Skript mehrere Patches auf einmal. Das ist bei der Installation und Verwaltung ziemlich hilfreich, da Sie nicht mehr Skripte einzeln installieren müssen. Auch dieses Skript können Sie selbst erweitern.

Konfigurationsänderungen mit der PowerShell in VMware vornehmen

Das Skript *Set VMware CBT* (Changed Block Tracking, CBT) (http://poshcode.org/4149) aktiviert oder deaktiviert CBT für VMs und kann auch Snapshots erstellen. *VMWare DS Migration* (http://poshcode.org/3938) verschiebt VMs zwischen Data Stores. Das Skript *Get-mDatastoreList* (http://poshcode.org/3522) kann Datastores filtern, auf denen keine VMs mehr gespeichert werden sollen. *Track Datastore Free Space* (http://www.peetersonline.nl/index.php/vmware/track-datastore-free-space) erfasst den freien Speicherplatz von Data Stores.

Um Portgruppen anpassen verwenden Sie das Skript *Fix-VMPortGroups* (http://poshcode.org/4499) nutzen. Es kann alte Portgruppen gegen neue ersetzen und Switches anpassen, damit die neuen Gruppen verwendet werden. *Easy Migration Tool v2.1* (http://poshcode.org/4483) kann virtuelle Server mit vMotion und SVMotion migrieren.

Wollen Sie für virtuelle Server die HotPlug-Funktion deaktivieren, um zum Beispiel zu verhindern, dass Netzwerkkarten oder virtuelle Festplatten versehentlich von der VM getrennt werden, verwenden Sie das Skript *Disable hotadd-hotplug* (http://poshcode.org/4009).

Dynamic Resource Pool Calculator (http://communities.vmware.com/docs/DOC-6970) berechnet Ressourcen-Pools neu und kann automatisch Speicher- und CPU-Reservierungen durchführen.

ESX Automated Configuration Midwife (http://communities.vmware.com/docs/DOC-7511) kann neue ESX-Dateien zu Virtual-Center hinzufügen und Netzwerk, Speicher, VMotion und andere Dienste konfigurieren. *List disk RDMS* (http://communities.vmware.com/message/1063909) zeigt alle Raw Device Mappings (RDMs an.

Migrieren Sie zu einer Virtual Desktop Infrastructure (VDI) mit Windows-Rechnern, hilft das Skript *Setting Video Hardware Acceleration Level* (http://www.peetersonline.nl/index.php/vmware/setting-video-hardware-acceleration-level) ansehen. Es konfiguriert die Hardware-Beschleunigung in Windows-VMs.

PowerShell mit Web Access verbinden WebCommander

WebCommander (https://labs.vmware.com/flings/web-commander) ist ein VMware Fling das die Ausführung von Skripten über eine Weboberfläche erlaubt. WebCommander ist ein nicht unterstütztes (supportetes) Software-Tool eines VMware-Entwicklers. Diese werden auch *fling* genannt. Sie laden die Skripte in die Oberfläche und können diese zentral zur Verwaltung und zum Start bereitstellen.

System Center Operations Manager 2012 R2 und die PowerShell

SCOM lässt sich auch über die PowerShell verwalten. Dazu wird die Operations Manager Shell auf dem Server gestartet. Alle Befehle der SCOM-Konsole sind über *get-command *scom** zu sehen. *Get-SCOMManagementServer* zeigt zum Beispiel die SCOM-Server im Netzwerk an.

SQL Server 2014: Datensicherung lokal und in der Cloud verschlüsseln

In SQL Server 2014 können Sie die Sicherung einer Datenbank über die Bordmittel verschlüsseln lassen. Sie können lokale Datensicherungen genauso verschlüsseln, wie die Datensicherung von SQL Server 2014 in der Cloud. Um eine Sicherung zu verschlüsseln, müssen Sie einen Verschlüsselungsalgorithmus und eine Verschlüsselungsmethode festlegen. SQL Server 2014 unterstützt die Verschlüsselungsalgorithmen AES 128, AES, AES 192 256 und Triple DES. Als Verschlüsselung können Sie entweder ein Zertifikat oder einen asymmetrischen Schlüssel verwenden. Wollen Sie eine Sicherung wiederherstellen, ist das Zertifikat, oder der asymmetrische Schlüssel dafür notwendig.

Sie benötigen zunächst einen Datenbank-Hauptschlüssel der Masterdatenbank. Diesen legen Sie am besten mit einer T-SQL-Abfrage an:

USE master;

GO

CREATE MASTER KEY ENCRYPTION BY PASSWORD = '<Kennwort>';

GO

Idealerweise sollten Sie auch noch ein Zertifikat für die Sicherung erstellen. Auch dazu verwenden Sie eine T-SQL-Abfrage:

Use Master

GO

CREATE CERTIFICATE backupcert

  WITH SUBJECT = 'Mein Sicherungs-Zertifikat';

GO

Wenn Sie die Vorbereitungen getroffen haben, können Sie die Sicherung ebenfalls mit T-SQL erstellen. Um eine Datenbanken verschlüsselt über T-SQL zu sichern, verwenden Sie zum Beispiel folgendes Skript:

BACKUP DATABASE [Einkauf]

TO DISK = N'C:\backup\Einkauf.bak'

WITH

COMPRESSION,

ENCRYPTION

(

ALGORITHM = AES_256,

SERVER CERTIFICATE = backupcert

),

STATS = 10

GO

In der PowerShell verwenden Sie:

$encryptionOption = New-SqlBackupEncryptionOption -Algorithm Aes256 -EncryptorType ServerCertificate -EncryptorName "BackupCert"

Backup-SqlDatabase -ServerInstance . -Database "EinkaufDB" -BackupFile "EinkauDB.bak" -CompressionOption On -EncryptionOption $encryptionOption

PowerShell für SQL Server 2012

Das PowerShell-Modul in SQL Server 2012 ist vollständig in die PowerShell von Windows Server integriert. Sie starten eine PowerShell-Sitzung zum Beispiel über das SQL Server Management Studio, wenn Sie im Objekt-Explorer mit der rechten Maustaste auf ein Objekt klicken. Alternativ geben Sie in der Befehlszeile oder einer PowerShell-Sitzung den Befehl *sqlps* ein.

Sie können im SQL Server Management Studio für den SQL Server-Agenten der entsprechenden Instanz automatisiert Cmdlets oder PowerShell-Skripts ausführen lassen. Dazu gehen Sie folgendermaßen vor:

Erweitern Sie SQL Server-Agent, erstellen Sie einen neuen Auftrag oder klicken Sie mit der rechten Maustaste auf einen vorhandenen Auftrag und klicken dann auf Eigenschaften.

Klicken Sie in den Auftragseigenschaften auf die Seite *Schritte* und dann auf *Neu*.

Geben Sie im Fenster *Neuer Auftragsschritt* unter *Schrittname* eine Bezeichnung ein.

Klicken Sie in der Liste Typ auf *PowerShell*. Über den Typ *Betriebssystem (CmdExec)* lassen sich Befehle für die Befehlszeile in Windows starten.

Wählen Sie in der Liste *Ausführen* als das Benutzerkonto mit den Anmeldeinformationen für den Auftrag aus.

Geben Sie im Feld Befehl den PowerShell-Befehl ein. Klicken Sie alternativ auf *Öffnen* und wählen Sie ein Skript aus.

Öffnen Sie die Seite *Erweitert*, um die Optionen für den Auftragsschritt festzulegen.

Sie müssen nicht den ganzen Namen eines Cmdlet-Parameters angeben. Es genügen so viele Zeichen des Namens, bis dieser eindeutig von den anderen Parametern unterschieden werden kann, die das Cmdlet unterstützt. Ein Beispiel dafür lautet:

Invoke-Sqlcmd -Query "SELECT @@VERSION;" -QueryTimeout 3

Invoke-Sqlcmd -Query "SELECT @@VERSION;" -QueryTime 3

Invoke-Sqlcmd -Query "SELECT @@VERSION;" -QueryT 3

Diese drei Befehle führen alle eine T-SQL-Anweisung in der PowerShell aus, die den Status des Servers anzeigt. Geben Sie am Ende zusätzlich noch */fl* ein, erhalten Sie ausführlichere Informationen angezeigt.

Mit *Get-Help SQLServer* erhalten Sie eine Hilfe zu den speziellen SQL-Server-Befehlen in der PowerShell. Wollen Sie alle Methoden für ein bestimmtes Objekt anzeigen, zum Beispiel der Verwaltung der Datenbanken, verwenden Sie:

Set-Location SQL:\<Servername>\DEFAULT\Databases

Get-Item . | Get-Member -Type Methods

Alle Eigenschaften für eine Variable, die auf ein SMO-Tabellenobjekt festgelegt ist, zeigen Sie mit folgendem Befehl an:

$Var = New-Object Microsoft.SqlServer.Management.SMO.Table

$Var | Get-Member -Type Properties

Sie können mehrere Instanzen von SQL Server 2012 auf einem Server installieren. Auf diese Instanzen lässt sich auch in der PowerShell zugreifen und zu diesen navigieren, wie mit normalen Laufwerken, zum Beispiel mit *SQLSERVER:\SQL\<Servername>\<Instanz>*. Jeder Server verfügt über eine Standardinstanz. Sie geben bei der Installation keinen Namen für die Standardinstanz an. In der Regel lautet deren Name *MSSQLSERVER*. Wenn Sie in einer Verbindungszeichenfolge nur einen Computernamen angeben, verbindet Sie die PowerShell mit der Standardinstanz. Alle anderen Instanzen auf dem Server sind benannte Instanzen.

Neben den bekannten Dateisystemlaufwerken wie C: und D: enthält Windows PowerShell auch Laufwerke, die die Registrierungsstrukturen HKEY_LOCAL_MACHINE (HKLM:) und *HKEY_CURRENT_USER (HKCU:)*, den Speicher für digitale Signaturzertifikate auf Ihrem Computer (*Cert:*) und die Funktionen in der aktuellen Sitzung (*Function:*) darstellen. Diese bezeichnet die Shell als Windows PowerShell-Laufwerke. Eine Liste rufen Sie mit dem Befehl *Get-PSDrive* auf. Um zum Beispiel in der lokalen Registry zum Schlüssel *HKEY_CURRENT_USER* zu wechseln, geben Sie in der PowerShell *CD hkcu:* ein. Den Inhalt des Registry-Hives können Sie sich mit Dir anzeigen lassen.

Der SQL Server-Anbieter für Windows PowerShell macht die Hierarchie von SQL Server-Objekten auf die gleiche Weise verfügbar. Mit den Pfaden können Sie Objekte finden und Befehle über die PowerShell ausführen. Der SQL Server-Anbieter implementiert ein Laufwerk mit der Bezeichnung *SQLSERVER:* Der erste Teil eines SQLSERVER:\SQL-Pfads ist *SQLSERVER:\SQL\<Servername>\<Instanz>*. Der Pfad zur Vendor-Tabelle im Purchasing-Schema der AdventureWorks2012-Datenbank in einer Standardinstanz auf dem lokalen Server lautet zum Beispiel *SQLSERVER:\SQL\localhost\DEFAULT\Databases\AdventureWorks2012\Tables\Purchasing.Vendor*

Navigieren Sie zum Beispiel zu dem Knoten, für den Sie eine Liste von untergeordneten Elementen anzeigen wollen und geben Sie *Get-ChildItem* ein:

Set-Location SQLSERVER:\SQL

Get-ChildItem

Wollen Sie sich alle Instanzen auf einem Server anzeigen lassen, geben Sie folgende Befehle ein:

Set-Location SQLSERVER:\SQL\localhost

Get-ChildItem

Alle Objekte der Standardinstanz zeigen Sie mit dem folgenden Befehl an:

Set-Location SQLSERVER:\SQL\localhost\DEFAULT

Get-ChildItem

Alle Datenbanken einer Instanz können Sie sich ebenfalls anzeigen lassen. Mit *-force* zeigt das Cmdlet auch die Systemdatenbanken an. Der Vorteil der Anzeige in der PowerShell ist zum Beispiel, dass Sie auf einem Blick den Status und die Sortierreihenfolge sowie die eingestellte Sicherungsmethode sehen.

Set-Location SQLSERVER:\SQL\localhost\DEFAULT\Databases

Get-ChildItem -force

Nach der Navigation zu einem Knoten, können Sie Informationen abrufen oder Verwaltungsaufgaben durchführen. Verwenden Sie das Cmdlet *Invoke-SqlCmd*, um Daten in Tabellen und Sichten aus der PowerShell abzufragen oder zu ändern. Sie können das Cmdlet *Get-Member* verwenden, um die für Objekte oder Objektklassen verfügbaren Möglichkeiten anzuzeigen. Sie können auch Eigenschaften anzeigen:

Set-Location SQLSERVER:\SQL\localhost\DEFAULT\Databases

Get-Item . | Get-Member -Type Properties

In folgenden Beispiel wird zum Knoten AdventureWorks2012 in einem SQLSERVER:-Pfad navigiert und die Objekteigenschaften werden angezeigt:

Set-Location SQLSERVER:\SQL\localhost\DEFAULT\Databases\AdventureWorks2012

Get-Item . | Get-Member -Type Properties

Um eine Liste der Tabellen aus dem Sales-Schema in AdventureWorks2012 abzurufen, verwenden Sie den folgenden Befehl:

Set-Location SQLSERVER:\SQL\localhost\DEFAULT\Databases\AdventureWorks2012\Tables

Get-ChildItem | where {$_.Schema -eq "Sales"}

In folgenden Beispiel erstellen Sie mit der Methode *SMO Create* eine Datenbank und zeigen deren Eigenschaften an:

Set-Location SQLSERVER:\SQL\localhost\DEFAULT\Databases

$DB = New-Object Microsoft.SqlServer.Management.SMO.Database

$DB.Parent = (Get-Item ..)

$DB.Name = "Stuttgart"

$DB.Create()

$DB.State

Mit dem Befehl *$DB.Status* lassen Sie sich noch den Status der Datenbank anzeigen. Öffnen Sie das SQL Server Management Studio, sehen Sie auch hier die Datenbank.

Sie haben die Möglichkeit, T-SQL Befehle in der PowerShell einzugeben, genauso wie bei Abfragen im Management-Studio oder über *sqlcmd.exe*. *Invoke-SqlCmd* ist ein SQL Server-Cmdlet, das Skripts ausführt, die Anweisungen aus den Sprachen (Transact-SQL und XQuery) und Befehlen enthalten können. Ausführliche Hilfen zum Thema finden Sie auf der Seite http://msdn.microsoft.com/de-de/library/cc281720.aspx. Wollen Sie zum Beispiele eine Abfrage erstellen, verwenden Sie folgende Syntax:

Invoke-SqlCmd -Query "SELECT GETDATE() AS TimeOfQuery;" -ServerInstance "sql\erp"

Nicht alle sqlcmd-Befehle sind in *Invoke-SqlCmd* verfügbar. Die nicht unterstützten Befehle sind zum Beispiel: *:!!, :connect, :error, :out, :ed, :list, :listvar, :reset, :perftrace* und *:serverlist*.

Gelöschte Websitesammlungen in SharePoint wiederherstellen

Sie können auch Websites und Bibliotheken über den Papierkorb in SharePoint wiederherstellen. Öffnen Sie dazu am besten die Management Shell mit administrativen Rechten. Um sich die gelöschten Seiten anzuzeigen verwenden Sie:

Get-SPDeletedSite -Identity <Pfad>

Verwenden Sie den relativen Pfad, nicht die ganze URL. Kennen Sie den Namen nicht, können Sie sich alle gelöschten Objekte der Webanwendung anzeigen lassen:

Get-SPDeletedSite -WebApplication <Komplette URL>

Die Wiederherstellung nehmen Sie dann folgendermaßen vor:

Restore-SPDeletedSite -Identity <Pfad>

Sie können aber auch hier den Pipe-Befehl in der Powershell nutzen:

Get-SPDeletedSite <Pfad> | Restore-SPDeletedSite

Mit PowerShell Desired State Configuration Ihre Windows-Server absichern

Desired State Configuration (DSC) ermöglicht, dass Sie Sicherheitsvorlagen für Server erstellen können, die automatisch angewendet werden. Auf diesem Weg können Sie für alle Server im Netzwerk effiziente Sicherheitsvorlagen erstellen und zuweisen. Ändern sich Einstellungen, die von der Vorlage abweichen, kann PowerShell DSC die Vorgaben wieder herstellen. Mit der PowerShell 5.0 in Windows 10 und dem Nachfolger von Windows Server 2012 R2 baut Microsoft diese Technologie noch aus.

PowerShell DSC kann dafür sorgen, dass ihre Server einem einheitlichen Standard entsprechen. Das kann die Funktion:

- Serverrollen und -Features installieren oder deinstallieren
- Dateien und Verzeichnisse erstellen und be-arbeiten
- Gruppen anlegen und verwalten, genauso wie Benutzer
- Prozesse und Dienste auf den Servern ver-walten
- Registryeinstellungen setzen

Sie finden auch in der TechNet einige Anleitungen zu PowerShell DSC, zum Beispiel auf der Seite http://blogs.technet.com/b/privatecloud/archive/2013/08/29/introducing-powershell-desired-state-configuration-dsc.aspx). Auch die Anleitungen auf der Seite https://technet.microsoft.com/en-us/library/dn249925.aspx sollten Sie sich genauer ansehen.

Die PowerShell-Entwickler unterstützen Administratoren außerdem mit dem DSC Resource Kit (https://gallery.technet.microsoft.com/scriptcenter/DSC-Resource-Kit-All-c449312d). Dieses hilft bei der automatisierten Einstellung zahlreicher Serverdienste wie Active Directory, SQL Server, IIS, Hyper-V und auch anderen Diensten.

Basis von DSC sind Vorlagen. Diese enthalten die Sicherheitseinstellungen. Damit Sie Vorlagen einem Server zuweisen können, erstellen Sie aus dieser eine so genanntes Management Object File (MOF). Diese MOF wird von der PowerShell gelesen und auf den Servern angewendet, die Sie mit DSC absichern wollen. Diese Datei können Sie jederzeit erneut anwenden, wenn Einstellungen auf dem Server abweichen.

Microsoft unterstützt Administratoren beim Erstellen mit Vorlagen-Dateien. Diese können Sie auf der TechNet-Internetseite herunterladen. Natürlich können Sie auch eigene Vorlagen erstellen, allerdings empfiehlt Microsoft zunächst die Verwendung der bereits zur Verfügung gestellten Vorlagen. Diese finden Sie auf der Seite http://technet.microsoft.com/en-us/library/dn249921.aspx. Eigene MOF-Dateien erstellen Sie am besten nach Anleitungen aus der TechNet. Auch dazu gibt es eine spezielle Seite: http://technet.microsoft.com/en-us/library/dn249927.aspx.

Damit Sie PowerShell DSC auf einem Server ver-wenden können, müssen Sie das dazugehörige Modul erst über den Server-Manager installieren. Sie finden dieses Modul über die Installation der Features bei *Windows PowerShell\Windows PowerShell-Dienst zum Konfigurieren des gewünschten Zustands*.

Im ersten Schritt erstellen Sie mit der PowerShell ISE eine Konfigurationdatei für DSC. Speichern Sie diese Datei als PowerShell-Skript-Datei mit der Endung *.ps1 ab. Die Syntax solcher Dateien ist sehr einfach. Die Dateien beginnen immer mit dem Befehl *Configuration* gefolgt von einem beliebigen Namen. Danach schreiben Sie in eine, Block mit geschweiften Klammern die Befehle zur Absicherung. Sie können zum Beispiel sicherstellen, dass bestimmte Systemdienste automatisch gestartet werden. Beispiel dafür ist:

Service Wuauserv

{

    ServiceName = "wuauserv"

    StartupType = "Automatic"

}

Neben diesem Dienst können Sie natürlich auch beliebig weitere Dienste überprüfen lassen. Diese Datei können Sie jederzeit anpassen und müssen dann die nachfolgenden Schritte erneut durchführen.

Haben Sie Ihre gewünschte Konfigurations als PS1-Datei gespeichert, erstellen Sie eine MOF-Datei, die Sie dann wiederum mit PowerShell DSC verwenden. Im Befehl geben Sie auch den Namen des Servers ein, zum Beispiel:

<Name der Konfiguration> -MachineName <Name des Servers auf den die Datei angewendet werden soll>

Den Namen der Konfiguration haben Sie in der Skript-Datei vorgegeben. Für jedem Server, dem Sie die Datei zuweisen wollen erstellt die PowerShell eine eigene MOF-Datei. Um Einstellungen zu ändern, bearbeiten Sie Ihre Skript-Datei und erstellen dann die MOF-Datei neu.

Die MOF-Dateien enthalten jetzt also die Vorgaben, die Sie in Ihrer PowerShell-Datei verwendet haben. Kopieren Sie am besten die MOF-Dateien auf die Ziel-Server, oder verwenden Sie eine Freigabe im Netzwerk. Für die Anwendung von MOF-Dateien verwenden Sie schließlich das CMDlet *Start-DscConfiguration*:

Start-DscConfiguration -Wait -Verbose -Path .\<Name>

Sie können mit PowerShell DSC auch überprüfen, ob die Sicherheitseinstellungen noch so gesetzt sind, wie Sie diese vorgegeben haben. Dazu verwenden Sie das CMDlet *Test-DscConfiguration*. Dieses überprüft, ob es Unterschiede zwischen MOF-Datei und den tatsächlichen Einstellungen auf dem Server gibt. Das CMDlet zeigt mit *True* (Einstellungen stimmen noch) oder *False* (Einstellungen wurden geändert) schnell und einfach an, ob die Konfiguration noch den Vorgaben entspricht. Sie können natürlich jederzeit die MOF-Datei mit Start-DscConfiguration wieder anwenden lassen.

Haben Sie die Funktionsweise von DSC grundlegend verstanden, können Sie schnell und einfach Ihre Skripte-Dateien erweitern, neue MOF-Dateien erstellen und diese neu anwenden lassen. Sie können zum Beispiel über DSC auch Gruppen auf dem Server anlegen und Benutzer zuweisen. Sinnvoll ist das für lokale Administrator-Gruppen, zum Beispiel für Webserver. Die Syntax dazu ist:

Group Webadmins anlegen

{

   Ensure = "Present"

   GroupName = "Webadmins"

}

Nehmen Sie diesen Teil noch in Ihre Datei mit auf, überprüft PowerShell ob es die Gruppe Webadmins auf den Servern gibt und legt diese auf Wunsch gleich mit an. Sie können mit PowerShell DSC auch Benutzer in Gruppen aufnehmen oder aus Gruppen entfernen. Dazu verwenden Sie die beiden Optionen MembersToExclude und MembersToInclude.

PowerShell 5.0 - Paketverwaltung und mehr

Mit Windows 10 und Windows Server 2016 kommt auch die neue Version der PowerShell. Mit dieser liefert Microsoft unter anderem das OneGet-Framework mit aus. Dieses Bietet die Möglichkeit

Programme als Paket in Windows 10 zu installieren, oder für mehrere Windows 10-Rechner im Netzwerk zu verteilen.

Microsoft OneGet-Framework ist auch kompatibel mit den Softwarepaketen von NuGet (http://www.nuget.org). Diese OpenSource-Lösung bietet etwa 2.000 Softwarepakete. Das heißt, mit der PowerShell 5.0 lassen sich auf einen Schlag gleich tausende Anwendungen im Netzwerk bereitstellen. OneGet kann außerdem noch Chocolatey Repositories (http://chocolatey.org) installieren. Wer PowerShell 5.0 installiert hat, kann das Modul für OneGet mit dem Befehl *Import-Module -Name OneGet* importieren und die Befehle mit *Get-Command -Module OneGet* anzeigen lassen. Sollen Pakete angezeigt werden, die mit OneGet installiert werden können, verwenden Sie das CMDlet *Find-Package | Out-Gridview*. Um ein Paket zu Testzwecken auf einem Rechner zu installieren, wird folgender Befehl verwendet:

Find-Package | Out-GridView

-Title "<Paket das installiert werden soll"

-PassThru | Install-Package -Force

PowerShell Deployment Toolkit

Das PowerShell Deployment Toolkit ist eine Sammlung von Skripten, mit der Sie eine virtuelle Infrastruktur auf Basis von System Center, virtuellen Servern und Active Directory aufbauen können. Das Toolkit ist allerdings nicht sehr gut dokumentiert, sodass es vor allem für Administratoren gedacht ist, die sich bereits mit der PowerShell auskennen, eine virtuelle Umgebung aufbauen wollen, und sich mehr mit dem Bereich Skripting auseinandersetzen wollen.

Entwickelt wurde die Skript-Sammlung vom amerikanischen Microsoft-Mitarbeiter Rob Willis. Im Fokus der Skripte steht die automatisierte Installation von Windows Server 2012 R2-Umgebungen, inklusive Active Directory, Datenbank-Server, System Center und mehr. Auch das Windows Azure Pack installieren Sie über diesen Weg. Mit etwas Einarbeitung können Sie über diesen Weg in der PowerShell eine umfassende Testumgebung erschaffen.

Um das PowerShell Deployment Toolkit zu verwenden, benötigen Sie einen Server mit Windows Server 2008 R2/2012 oder noch besser Windows Server 2012 R2. Dieser dienst als Host für die VMs der Umgebung. Das PowerShell Deployment Toolkit laden Sie direkt aus der Microsoft-TechNet von der Seite http://gallery.technet.microsoft.com/PowerShell-Deployment-f20bb605. Entpacken Sie nach dem Download das Archiv. Es besteht aus mehreren XML-Dateien mit Variablen sowie Skripten für die PowerShell. Auf dem Server, den Sie für das PDT verwenden, müssen Sie darüber hinaus noch 7-Zip installieren (http://www.7-zip.org).

Weiterhin brauchen Sie auf dem Server, der später als VM-Host dienen soll noch eine ISO-Datei von Windows Server 2012 R2. Diese kopieren Sie in ein Verzeichnis auf dem Server. Danach laden Sie sich das PowerShell-Skript von der Seite http://gallery.technet.microsoft.com/scriptcenter/Convert-WindowsImageps1-0fe23a8f. Auch dieses müssen Sie in das Verzeichnis kopieren.

Mit dem Skript wandeln Sie die ISO-Datei in eine VHDX-Datei um. Dazu müssen Sie aber zunächst die Ausführungsrichtlinie der PowerShell auf dem Server anpassen. Geben Sie dazu den Befehl *Set-ExecutionPolicy Unrestricted* in einer PowerShell-Sitzung mit Administratorrechten ein.

Haben Sie die Richtlinie geändert, wechseln Sie in das Verzeichnis mit dem Heruntergeladenen Skript zur Konvertierung und geben den Befehl *.\Convert-WindowsImage.ps1 -ShowUI* ein. Anschließend startet die grafische Oberfläche des Tools. Hier müssen Sie folgende Daten eingeben:

Choose a Source - Hier wählen Sie die ISO-Datei von Windows Server 2012 R2 ein.

Choose a SKU from the list - Hier wählen Sie die Edition der Server aus, die in der Testumgebung erstellt werden sollen. In Windows Server 2012 R2 verfügen die Editionen Standard und Datacenter exakt über den gleichen Funktionsumfang.

Choose configuration options - Hier steuern Sie die Optionen der virtuellen Festplatten die Umgebung. Verwenden Sie bei *VHD Format* die Option *VHDX*, bei *VHD Type* die Option *Dynamic* und legen Sie die Größe der virtuellen Festplatten fest. Achten Sie aber darauf, dass der Speicherplatz dann für die virtuellen Server ausreicht.

Klicken Sie danach auf *Make my VHD*. Das Tool erstellt jetzt die VHDX-Datei, die als Basis für die Testumgebung gilt.

Bevor Sie auf Basis der heruntergeladenen Daten die Testumgebung erstellen, müssen Sie zunächst einige Einstellungen für die Umgebung setzen. Dazu verwenden Sie die XML-Dateien, die zum PowerShell Deployment Toolkit gehören. Die wichtigsten Einstellungen dazu finden Sie in der Datei *Variable.xml*. Hier legen Sie Benutzernamen, Kennwörter, Features und zu installierende Dienste fest. Zusätzlich können Sie noch eine Active Directory-Umgebung installieren lassen.

In diesem Fall verwenden Sie nicht die Datei Variable.xml, sondern die Datei *VariableAD.xml*. Mit dieser Datei werden alle notwendigen virtuellen Server installiert und die dazugehörigen Einstellungen vorgenommen, sowie Domänencontroller installiert und mehr.

Sobald die virtuelle Festplatte erstellt wurde, benennen Sie diese in einen gewünschten Namen um, zum Beispiel *w2k12r2.vhdx*. Danach wechseln Sie in das Verzeichnis mit den PDT-Skripten. Der nächste Schritt besteht darin, dass Sie die notwendigen Daten für die Umgebung herunterladen. Dazu verwenden Sie zunächst das Skript .*Downloader.ps1*. Den Download-Vorgang übernehmen also die PowerShell-Skripte. Manche Installationsdateien kann das Skript nicht automatisiert herunterladen. Das zeigt der Assistent aber an. Laden Sie in diesem Fall die Dateien manuell herunter.

Wenn Sie alle Daten heruntergeladen haben, besteht der nächste Schritt die notwendigen virtuellen Server zu erstellen. Dazu verwenden Sie das Skript *VMCreator.pst1*. Dieses führen Sie auf einem Hyper-V-Host mit Windows Server 2012 R2 aus. Das Skript erstellt alle notwendigen virtuellen Server, Betriebssysteme und nimmt auch ansonsten notwendige Konfigurationen vor.

Im Anschluss an diese Aufgaben können Sie noch mit dem PDT das System Center auf den virtuellen Servern installieren und einrichten. Geben Sie dazu im Verzeichnis den Befehl .*Installer.ps1* ein. Danach beginnt das Skript mit der Überprüfung der Voraussetzungen für die Installation der Testumgebung.

Es kann aber durchaus passieren, dass Dateien beim Herunterladen nicht gefunden werden. Diese laden Sie bei Bedarf einfach manuell nach und kopieren diese in das Verzeichnis *C:\installer*. Dieses Verzeichnis legt das Skript Download.ps1 ein. Hier werden alle notwendigen Programme für die Installation abgelegt. Dazu erstellen Sie zunächst die notwendigen Verzeichnisse, wenn Downloader.Ps1 die Daten nicht herunterladen kann. Anschließend laden Sie manuell die fehlenden ISO-Dateien herunter und entpacken den Inhalt der ISO-Datei in die entsprechenden Verzeichnisse. In folgenden Verzeichnissen müssen sich Daten befinden:

- C:\Installer\WindowsServer2012R2

- C:\Installer\WindowsServer2012

- C:\Installer\SystemCenter2012R2\AppController

- C:\Installer\SystemCenter2012R2\ConfigurationManager

- C:\Installer\SystemCenter2012R2\DataProtectionManager

- C:\Installer\SystemCenter2012R2\OperationsManager

- C:\Installer\SystemCenter2012R2\Orchestrator

- C:\Installer\SystemCenter2012R2\ServiceManager

- C:\Installer\SystemCenter2012R2\VirtualMachineManager

HP Scripting Tools for Windows PowerShell

Unternehmen, die auf Hardware und Server von Hewlett Packard setzen, sollten sich die HP Scripting Tools for Windows PowerShell (http://www8.hp.com/us/en/products/server-software/product-detail.html?oid=5440657#!tab=features) ansehen. Zusätzlich zur PowerShell benötigen Sie noch das Microsoft Management Framework 3.0 sowie .Net Framework 4.0. Um nach der Installation der Tools in einer aktuellen PowerShell-Sitzung die Befehle zu laden, verwenden Sie den folgenden Befehl:

$env:PSModulePath+=";$env:ProgramFiles\Hewlett-Packard\PowerShell\Modules"

Um sich alle Befehle anzeigen zu lassen, verwenden Sie den Befehl *Get-Command *HPiLO**. Wollen Sie zum Beispiel bestimmte Geräte in einem IP-Bereich anzeigen, verwenden Sie den Befehl *Find-HPiLO 192.168.178.1-10*. Verschiedene Anleitungen, wie Sie mit den Skripting-Tools umgehen finden Sie auf der Seite *http://www.sepago.de/d/thomasf/2014/02/03/powershell-hp-ilo-skripten-teil-1*

PowerGUI - Skriptentwicklung und Systemverwaltung

Eines der wichtigsten Zusatztools für die PowerShell ist die kostenlose Dell (ehemals Quest) PowerGUI (http://en.community.dell.com/techcenter/powergui). Administratoren, die regelmäßig mit der PowerShell arbeiten und Server über die PowerShell verwalten oder Skripte schreiben, kommen kaum um die PowerGUI herum.

Neben der Möglichkeit die Standard-Module der PowerShell mit der PowerGUI zu nutzen, bietet Dell noch einige PowerPacks (http://en.community.dell.com/techcenter/powergui/m/powerpacks) an. Dabei handelt es sich um Erweiterungen der PowerGUI, mit der Sie Zusatzdiesen wie SharePoint, WSUS, RDS und mehr verwalten können. Zusätzlich gibt es auf den Dell-Seiten noch AddOns für die PowerGUI (http://en.community.dell.com/techcenter/powergui/m/script-add-ons). Diese erweitern die Oberfläche für die Bearbeitung von Skripten.

PowerGui ermöglicht die effizientere Zusammenstellung von PowerShell-Befehlen in einer übersichtlichen grafischen Oberfläche. Nach der Installation findet sich in der Programmgruppe die grafische Oberfläche und ein Skript-Editor zum effizienteren Erstellen von Skripts für die PowerShell.

Der Editor ist vor allem für geübte Skript-Entwickler sinnvoll, während mit der PowerGUI Administrative Console PowerShell-Anfänger schnell Skripts zusammenklicken können. Durch das Zusammenklicken der Skripts lernen Administratoren auch den Umgang mit der PowerShell, da PowerGui die erstellten Cmdlets in den Eigenschaften der PowerGUI übersichtlich anzeigt. Auf der Seite von Dell gibt es zusätzlich Hilfedateien und -Videos, sowie ein reges Community.

Systemdienste verwaltet die PowerGui ebenfalls. Das ermöglicht Administratoren direkt aus der PowerShell einzelne Dienste zu starten, stoppen, anzuhalten oder deren Eigenschaften zu bearbeiten. Mehrere Skripts lassen sich miteinander verketten und Elemente gemeinsam verwenden. Beispielsweise ist es möglich Benutzerkonten einer bestimmten Gruppe auszulesen und einem Skript zu übergeben, das Einstellungen der Benutzerkonten anzeigt. Auf der Seite von Dell stehen ebenfalls zahlreiche, vorgefertigte Skripts zur Verfügung, die als Vorlage für eigene Skripts dienen können, oder die Sie gleich produktiv im Unternehmen einsetzen.

Der PowerGui Script Editor ist ein Werkzeug, um bereits vorhandene PowerShell-Skripts weiter zu bearbeiten, oder neue Skripts zu erstellen. Der Editor hebt die verschiedenen Bereiche nicht nur farblich hervor und bietet eine sehr übersichtliche Oberfläche, sondern stellt über den Menüpunkt *Debug* auch einen Debugger für PowerShell-Skripts zur Verfügung. Über den Menüpunkt *Tools* übergibt der Editor auf Wunsch entwickelte Skripts direkt in ein neues PowerShell-Fenster und startet das Skript. Das Ergebnis wird sofort live in einem Fenster angezeigt. Neben diesen Möglichkeiten bietet der Script-Editor auch Funktionen zur Dateibearbeitung, Suchen und Ersetzen von Skriptteilen und -Befehlen, sowie das Drucken, Ausschneiden, Einfügen und Kopieren von Skriptteilen. Alles in allem, genau das was ein Skriptentwickler benötigt. Einzelne Schritte in Skripts können Entwickler auch mit Lesezeichen markieren um diese während der Entwicklung schneller zu finden.

Sapien PowerShell Studio 2014 - Professionell mit Skripten arbeiten

Software-Entwickler oder Administratoren, die Ihre Zeit hauptsächlich mit dem Schreiben von komplexen PowerShell-Skripten verbringen, sind mit den Möglichkeiten der PowerShell ISE oder von PowerGUI schnell nicht ausreichend versorgt. Hier setzt das professionelle PowerShell Studio 2014 von Sapien an (http://www.sapien.com/software/powershell_studio). Die Anwendung lässt sich bis zu 45 Tage kostenlos testen. Danach müssen Sie das Produkt lizenzieren. PowerShell Studio 2014 kostet 389 Dollar.

Die Stärken der Anwendung liegen nicht nur in der hochprofessionellen Verwaltung der Skripte, inklusive eines umfassenden Editors mit automatischer Formatierung, Auto-Vervollständigung, Modulen, Variablen und viel mehr. PowerShell Studio 2014 kann auch grafische Oberflächen für PowerShell-Skripte erstellen. Mit den Werkzeugen aus dem PowerShell Studio ersparen Sie Administratoren riesige Skripte, da sich die GUI einfach zusammenstellen lässt. Außerdem können Sie mit der Anwendung auch Installer-Pakete auf Basis von MSI-Dateien erstellen, um Skripte auf externen Rechnern zu installieren. Wie andere Anwendungen zum Verwalten von Quell-Code auch, kann PowerShell Studio den Code sichern und wiederherstellen.

Sapien PrimalScript 2014 - PowerShell und mehr

Der kostenpflichtige Editor PrimalScript 2014 (http://www.sapien.com/software/primalscript) bietet eine optimal Umgebung für die PowerShell, beherrscht aber auch andere Sprachen wie C++, HTML, Java, SQL, C# und mehr. Die Software kostet etwa 269 Euro. Interessant ist die Anwendung vor allem für Entwickler, die auch mit anderen Skript-Sprachen Programme entwickeln. Im Fokus der Anwendung stehen auch Tools für die Fehlersuche, Abfrage von Datenbanken undremote Scripting.

Idera PowerShell Plus - Kostenloser Editor

Der kostenlose Editor PowerShell Plus von Idera bietet eine Entwicklungsumgebung für komplizierte PowerShell-Skripte. Zur Anwendung gehören bereits fertige Skript-Teile, die Sie in Ihre Skripte übernehmen können. Generell entspricht der Funktionsumfang von Idera PowerShell Plus den

Möglichkeiten der PowerShell ISE, und zusätzlich der Möglichkeit Skripte aus Vorlagen zusammen zustellen. Nach der Installation starten Sie die Anwendung. Erhalten Sie einen Rechtefehler, starten Sie die Anwendung über das Kontextmenü mit Administratorrechten.

Nach dem Start erscheint ein Assistent, der bei der Einrichtung des Editors hilft- Während der Einrichtung können Sie zum Beispiel auch die Ausführungsrichtlinie für Skripte steuern und sehen den aktuellen Zustand. Außerdem können Sie SQL-Server an den Editor anbinden, um PowerShell-Skripte direkt für SQL-Server ausführen zu können. Danach können Sie mit der Bearbeitung von Skripten beginnen.

Auf der rechten Seite sehen Sie die Beispiele, die zur Verfügung stehen. Klicken Sie doppelt auf eine Abfrage im Bereich *QuickClick Library*, wird diese für den ausgewählten Computer ausgeführt. Dazu wechseln Sie in der der Mitte des Fensters auf die Registerkarte *Console*. Um ein Skript aus den Vorlagen zu erstellen, rufen Sie die Registerkarte zum Erstellen von neuen Skripten auf. Anschließend ziehen Sie aus dem rechten Bereich die Vorlage in das Fenster. Anschließend sehen Sie schon das Skript. Mit PowerShell Plus können Sie Skripte auch signieren lassen, wenn Sie ein Zertifikat auf dem Rechner installiert haben. Sie können aber auch selbstsignierte Zertifikate erstellen lassen.

Auf der Registerkarte *Collaborate* können Sie zusätzlich noch fertige Skripte von verschiedenen Communities herunterladen. Dazu klicken Sie auf Download, wählen die Community aus, in der Sie nach Skripten suchen lassen wollen und geben einen Suchbegriff ein, welcher Bereich mit dem Skript verwaltet werden soll. Anschließend klicken Sie auf Search. PowerShell Plus kann PowerShell.com Script Libraries, TechNet Script Center und PoshCode Repository verwenden.

Das heruntergeladene Skript erscheint im Skript-Editor, kann von Ihnen ausgeführt, erweitert oder angepasst werden. Sie können auch in diese Skripte eigene Befehle einbinden, oder die Vorlagen, die in PowerShell Plus ohnehin schon vorhanden sind. Umgekehrt können Sie mit PowerShell Plus aber auch eigene Skripte zu Communities hochladen. Wenn Sie ein E-Mail-Konto in der Anwendung hinterlegt haben, können Sie fertige Skripte direkt aus der Anwendung heraus per E-Mail versenden. Natürlich ist auch die Speicherung in einer Netzfreigabe, oder einer Anwendung zur Quellcode-Kontrolle möglich.

PowerShell-Skripte in Visual Studio

Software-Entwickler, die mit Visual Studio arbeiten, können PowerShell-Skripte auch in Visual Studio erstellen und verwalten. Dazu steht die kostenlose Erweiterung PoshTools (https://github.com/adamdriscoll/poshtools) zur Verfügung. Mit diesen Tools haben Sie zwar nicht die Möglichkeiten, welche die andere Tools in diesem Beitrag bieten, dafür können Sie aber alle Skripte direkt in einer einheitlichen Oberfläche schreiben und verwalten.

PowerWF - Visual PowerShell

PowerWF (http://www.powerwf.com) ist ein weiterer kostenpflichtiger Editor für das Zusammenstellen von Skripten in der PowerShell. Die Anwendung stellt bereits einige fertige Skriptteile zur Verfügung, die Sie per Drag&Drop in eigene, größere Skripte einbinden. Außerdem können Sie mit der Anwendung auch Workflows auf Basis von PowerShell-Skripten erstellen. Auf der linken Seite sehen Sie Vorlagen, in der Mitte den Workflow und im unteren Bereich das PowerShell-Skript. Ein Vorteil von PowerWF ist die Möglichkeit Management Packs für System Center Operations Manager zu schreiben und direkt in SCOM zu integrieren. Die Anwendung kostet 35 Dollar.

Script Browser & Script Analyzer für PowerShell ISE

Microsoft stellt als Erweiterung für die PowerShell ISE den kostenlosen Script Browser & Script Analyzer (http://www.microsoft.com/de-DE/download/details.aspx?id=42525) zur Verfügung. Wenn Sie diesen installiert haben, können Sie bequem über PowerShell ISE nach Skripten in der Micrososoft TechNet Gallery suchen. Wenn Sie diesen installiert haben, finden Sie nach dem Start der PowerShell ISE auf der rechten Seite die neue Registerkarte *Script Analyzer*. Dieser kann nach Problemen in Skripten suchen, wenn Sie selbst welche entwickeln.

Auf der Registerkarte *Script Browser* sehen Sie wiederum die aktuellsten Skripte in der TechNet Gallery. Hier haben Sie auch die Möglichkeit nach Skripten zu suchen und diese herunterzuladen. Um ein Skript herunterzuladen, klicken Sie es an und wählen dann die Schaltfläche *Herunterladen*. Nachdem Sie des heruntergeladen haben, können Sie das Skript öffnen. Im Fenster haben Sie danach die Möglichkeit Teile des Skriptes oder das ganze Skript zu markieren und in die Zwischenablage zu kopieren.

Windows Server 2016 – Storage Replica

Eine der neuen Funktionen in Windows Server 2016, dem Nachfolger von Windows Server 2012 R2, ist die Storage-Replica-Funktion. Mit dieser Technologie lassen sich Daten zwischen Servern replizieren. Einfach ausgedrückt bietet Storage Replica die Möglichkeit auf Block-Level Daten zwischen Servern mit Windows Server 2016 zu replizieren. Mit dem neuen Server lassen sich Dateiserver oder andere Server absichern, indem Daten zwischen den Servern automatisiert repliziert werden. Um das neue Feature zu nutzen, müssen Sie über den Server-Manager Das Feature *Windows Volume Replication* installieren.

Für die Storage Replica-Funktion in der grafischen Oberfläche nutzen Sie den Failover-Clustermanager. Über den Bereich *Storage\Disks* sehen Sie alle Datenträger die an den Cluster angebunden sind. Über das Kontextmenü der Datenträger starten Sie den Assistenten für die Einrichtung von Storage Replica.

Wollen Sie zwei Datenträger auf alleinstehenden Servern mit Storage Replica replizieren, benötigen Sie zwei Server mit Windows Server 2016, die Mitglied einer Domäne sind. Zunächst richten Sie auf dem Quell-Server eine Storage-Replica-Partnerschaft ein, zum Beispiel mit:

New-SRPartnership -SourceComputerName win1001 -SourceRGName rg01 -SourceVolumeName e: -SourceLogVolumeName e: -DestinationComputerName win10 -DestinationRGName rg02 -DestinationVolumeName e: -DestinationLogVolumeName e: -LogSizeInBytes 8gb

Da die Funktion in der Technical Preview noch nicht ganz ausgereift ist, müssen Sie die Einrichtung exakt so vornehmen, wie Sie Microsoft vorschreibt. Dazu können Sie das dazugehörige Whitepaper aus der TechNet herunterladen (http://go.microsoft.com/fwlink/?LinkID=514902). Auf beiden beteiligen Servers muss das Feature für Failover-Cluster, Multipath I/O und natürlich Windows Volume Replication installiert. Außerdem sollten Sie entsprechende Firewall-Regeln auf beiden Servern aktivieren:

Enable-NetFirewallRule -CimSession <Quell-Server>,<Ziel-Server> -DisplayGroup "Remote Desktop","File and Printer Sharing"

Nach der Einrichtung überprüfen Sie in der Ereignisanzeige auf den Servern, ob die entsprechenden Einträge für die Erstellung der Gruppe vorhanden sind:

*Get-WinEvent -LogName *WVR/admin -max 20 | fl*

Quell-Server: Ereignisse 5002, 2200, und 5015.

Ziel-Server: Ereignisse 2200, 5005, 5015, 5001, und 5009.

Den Status der Replikation sehen Sie auch in der PowerShell mit den beiden CMDlets *Get-SRGroup* und *Get-SRPartnership*.

Im folgenden Beispiel verwenden wir die Servernamen S4 und S5:

$Servers = 'S4', 'S5'

$Servers | ForEach { Install-WindowsFeature –ComputerName $_ –Name WVR,Failover-Clustering,Multipath-IO,Hyper-V –IncludeManagementTools -restart }

Die Replication richten Sie am einfachsten über die PowerShell ein:

New-SRPartnership -SourceComputerName s4 -SourceRGName rg01 -SourceVolumeName y: -SourceLogVolumeName z: -DestinationComputerName s5 -DestinationRGName rg02 -DestinationVolumeName y: -DestinationLogVolumeName z: -LogSizeInBytes 8gb

Danach überprüfen Sie die Einrichtung mit:

*Get-WinEvent -LogName *WVR/admin -max 20 | fl*

Überprüfen Sie die Ereignis-IDs 5002, 2200 und 5015. Auf dem Ziel-Computer verwenden Sie den Befehl:

*Get-WinEvent -LogName *WVR/admin -max 20 | fl*

Suchen Sie hier nach den Ereignis-IDs 2200, 5005, 5015, 5001, und 5009. Funktioniert die Replikation, überprüfen Sie deren Daten mit:

Get-SRGroup

Get-SRPartnership

Wollen Sie Replikations-Quelle umdrehen verwenden Sie:

Set-SRPartnership -NewSourceComputerName s5 -SourceRGName rg02 -DestinationComputerName s4 -DestinationRGName rg01

Um die Replikationspartner zu löschen und neu einzurichten verwenden Sie:

Get-SRPartnership | Remove-SRPartnership

Get-SRGroup | % { Remove-SRGroup -Name $_.name }

Windows To Go-Datenträger in der PowerShell vorbereiten

Neben der grafischen Oberfläche, können Sie Windows To Go-USB-Datenträger auch in der PowerShell erstellen. Verbinden Sie den USB-Speicher, den Sie für Bitlocker verwenden wollen. Dazu rufen Sie zunächst eine PowerShell-Sitzung mit Administratorrechten auf. Danach speichern Sie die verfügbaren USB-Laufwerke auf dem Rechner in einer Variablen:

$Disk = Get-Disk | Where-Object {$_.Path -match "USBSTOR" -and $_.Size -gt 20Gb -and -not $_.IsBoot }

Danach löschen Sie auf Wunsch den Datenträger, auf dem Sie Windows To Go einrichten wollen. Achten Sie aber darauf, dass Sie nicht versehentlich einen falschen Datenträger löschen lassen:

Clear-Disk –InputObject $Disk[0] –RemoveData

Erhalten Sie hier eine Fehlermeldung, ist der USB-Speicher bereits leer. In diesem Fall können Sie mit der Initialisierung des Datenträgers fortfahren. Im Anschluss müssen Sie den Datenträger initialisieren:

Initialize-Disk –InputObject $Disk[0] -PartitionStyle MBR

Danach erstellen Sie auf dem USB-Speicher die Boot-Partition die Windows 8.1 für Windows To Go benötigt. Diese Partition setzen Sie auch gleich auf Aktiv, da Windows To Go, genauso wie alle anderen Windows-Versionen seit Windows Vista nur von aktiven Partitionen booten können:

$SystemPartition = New-Partition –InputObject $Disk[0] -Size (350MB) –IsActive

Danach formatieren Sie die Partition mit FAT32 und geben der Partition einen Namen:

Format-Volume -NewFileSystemLabel "To-Go-Boot" -FileSystem FAT32 -Partition $SystemPartition

Im Anschluss erstellen Sie eine weitere Partition, die den Rest des USB-Speichers für Windows To Go nutzt:

$OSPartition = New-Partition –InputObject $Disk[0] –UseMaximumSize

Auch diese Partition formatieren Sie wieder:

Format-Volume -NewFileSystemLabel "Windows To Go" -FileSystem NTFS -Partition $OSPartition

Danach führen Sie die beiden folgenden Befehle aus, um die erstellen Partitionen als Laufwerk S (Boot-Partition) und als Laufwerk W im Betriebssystem bereitzustellen:

Set-Partition -InputObject $SystemPartition -NewDriveLetter "S"

Set-Partition -InputObject $OSPartition -NewDriveLetter "W"

Im Anschluss legen Sie noch fest, dass diese Laufwerksbuchstaben nicht gesetzt werden, wenn Sie den Windows To Go-Datenträger mit einem anderen Rechner verbinden:

Set-Partition -InputObject $OSPartition -NoDefaultDriveLetter $TRUE

Haben Sie einen Windows To Go-Datenträger in der PowerShell vorbereitet, besteht der nächste Schritt darin, dass Sie diesen Datenträger mit *dism.exe* zu einem Windows To Go-Datenträger heraufstufen. Dazu weisen Sie dem Datenträger ein WIM-Image zu, welches Sie in Windows To Go nutzen wollen. Sie haben hier aber auch die Möglichkeit das Standard-Image install.wim von der Windows 8.1-Installations-DVD zu verwenden, genauso wie bei der Erstellung eines Windows To Go-Datenträgers in der grafischen Oberfläche:

dism /apply-image /imagefile:h:\sources\install.wim /index:1 /applydir:W:

Das Image wird auf der zuvor erstellten Partition mit dem Laufwerkbuchstaben W bereitgestellt. Achten Sie daher vor der Ausführung des Befehls darauf, dass der Laufwerkbuchstabe auch mit den entsprechenden Partitionen verbunden ist. Haben Sie den Vorgang gestartet, überträgt der Befehl das von Ihnen ausgewählte Image auf den Laufwerkbuchstaben W, also der Partition, die später Windows To Go enthält.

Wurde Windows To Go auf die entsprechende Partition übertragen, besteht der nächste Schritt darin, dass Sie den Bootmanager von der Partition W auf den Windows To Go-Bootbereich mit dem Laufwerksbuchstaben S übertragen:

W:\Windows\System32\bcdboot W:\Windows /f ALL /s S:

Danach können Sie den Rechner schon mit Windows To Go booten. Auf Windows 8.1-Gastsystemen können Sie über die Tastenkombination Windows+W wieder nach „Windows To Go" suchen, und hier die Option zum Booten des Rechners über einen Windows To Go-Datenträger aktivieren.

Neben der Verwendung von dism.exe können Sie auch andere Bereistellungswerkzeuge für Windows To Go verwenden. Auch System Center Configuration Manager (SCCM), ImageX und Diskpart können Sie mit Windows To Go verwenden. Achten Sie aber darauf nur mit Windows 8.1 kompatible Tools für Windows To Go zu nutzen. Nicht alle Tools für Windows 8 sind zum Beispiel auch für Windows 8.1 To Go geeignet. Tools für die Bereitstellung von Windows 7 unterstützen Windows To Go außerdem auch nicht. Zwar lassen sich auch mit veralteten Werkzeugen teilweise die Images auf den USB-Speicher übertragen, allerdings ist Windows To Go dann wesentlich leistungsschwächer und instabiler.

Impressum

Thomas Joos

Hof Erbach 1

74206 Bad Wimpfen

E-Mail: thomas.joos@live.de

Verantwortlich für den Inhalt (gem. § 55 Abs. 2 RStV):

Thomas Joos, Hof Erbach 1, 74206 Bad Wimpfen

Disclaimer - rechtliche Hinweise

§ 1 Haftungsbeschränkung

§ 2 Externe Links

§ 3 Urheber- und Leistungsschutzrechte

Die auf diesem Buch veröffentlichten Inhalte unterliegen dem deutschen Urheber- und Leistungsschutzrecht. Jede vom deutschen Urheber- und Leistungsschutzrecht nicht zugelassene Verwertung bedarf der vorherigen schriftlichen Zustimmung des Anbieters oder jeweiligen Rechteinhabers. Dies gilt insbesondere für Vervielfältigung, Bearbeitung, Übersetzung, Einspeicherung, Verarbeitung bzw. Wiedergabe von Inhalten in Datenbanken oder anderen elektronischen Medien und Systemen. Inhalte und Rechte Dritter sind dabei als solche gekennzeichnet. Die unerlaubte Vervielfältigung oder Weitergabe einzelner Inhalte oder kompletter Seiten ist nicht gestattet und strafbar. Lediglich die Herstellung von Kopien und Downloads für den persönlichen, privaten und nicht kommerziellen Gebrauch ist erlaubt.

Die Darstellung diesem Buch in fremden Frames ist nur mit schriftlicher Erlaubnis zulässig.

§ 4 Besondere Nutzungsbedingungen

Soweit besondere Bedingungen für einzelne Nutzungen diesem Buch von den vorgenannten Paragraphen abweichen, wird an entsprechender Stelle ausdrücklich darauf hingewiesen. In diesem Falle gelten im jeweiligen Einzelfall die besonderen Nutzungsbedingungen.

Quelle: Impressum erstellt mit Juraforum.

Inhaltsverzeichnis

97

99

100

101

www.ingramcontent.com/pod-product-compliance
Lightning Source LLC
La Vergne TN
LVHW052307060326
832902LV00021B/3750